¿POR QUÉ DIOS TE HIZO MUJER?

Minerva Rosario

Publicaciones Maranatha

Chicago, Il, 60639

A menos que se indique lo contrario, todas las Citas Bíblicas fueron tomadas de la Santa Biblia, Reina Valera, Revisión 1960.

¿Por Qué Dios Te Hizo Mujer?

Publicado por:

Publicaciones Maranatha

4301 W. Diversey Ave.

Chicago, IL 60639 U.S.A.

www.MaranathaUSA.com

Teléfono (773) 384-7717

ISBN 978-1-7334664-2-4

Primera Edición – Marzo 2021

Copyright ©2021 por Nahum Rosario.

Todos los Derechos Reservados 2021

Ninguna porción de esta publicación puede reproducirse o transmitirse en ninguna forma ni medios, si no hay autorización escrita del Autor de acuerdo al 1976 United States Copyright Act.

La Portada diseñada por Nahum Rosario

Edición Digital - 18 Febrero 2021, Panamá

TABLA DE CONTENIDO

Prefacio	5
Prólogo por Rebeca Bertucci	7
Capítulo 1. ¡Y DIOS HIZO UNA MUJER!	9
Capítulo 2. ¡UN SER MUY ESPECIAL!	25
Capítulo 3. EL PRIVILEGIO DE SER ESPOSA	35
Capítulo 4. LA BENDICIÓN DE SER MADRE	49
Capítulo 5. LA MUJER VIRTUOSA	67
Capítulo 6. ¿ERES CORONA O ERES CARCOMA?	87
Capítulo 7. ¡MUJER, CUIDA TU DESTINO!	95

Prefacio

Me tomé la tarea de tomar este libro de mi esposa Minerva, que hace unos años atrás se sentó a escribir su perspectiva acerca de lo que es una mujer. He disfrutado, me he reído, y me he examinado pensando en la clase de mujer que Dios me dio hace 49 años atrás. Minerva nos abre su corazón acerca del valor que tiene, el saber porqué una mujer existe, y cuál es la función tan valiosa que tiene en la sociedad.

No se puede negar que Minerva Rosario es todo lo que escribe en el libro y mucho más que eso. Estoy muy seguro que toda mujer que lea este libro será confrontada con lo que dicen las Santas Escrituras acerca del papel de la mujer moderna en el mundo de hoy. Más que nunca se necesitan mujeres, que han vivido una larga trayectoria y han dado un testimonio de lo que es una verdadera mujer cristiana.

En medio de la confusión de géneros que está confundiendo nuestra sociedad, Minerva no es tímida para confrontar a los miembros de su mismo sexo, y no es lenta ni tímida para llamarlas a que estudien y entiendan, el porqué Dios las hizo mujeres.

Bueno me tocó a mi la tarea de revisar, editar y en algunos casos aclarar los conceptos que mi esposa trata en este libro. Me acuerdo que una de estas noches que estaba preparando el archivo para la publicación del libro me había quedado en otra habitación hasta las 3:00 AM, pensé que tengo una mujer virtuosa y debo amarla y apreciarla porque ella hs sido un maravilloso regalo de Dios.

Muchas gracias a las diferentes personas que ayudaron a Minerva en la corrección del libro.

En el amor de Cristo.

Nahum Rosario

22 de Febrero 2021

Cd. Panamá, Panamá

Prólogo por Rebeca Bertucci

Cuando inicié hace más de 20 años una relación personal cercana con la Pastora Minerva de Rosario, quedé impresionada de la manera en que ella hace realidad su enseñanza a través de su conducta personal. Ella practica lo que predica. He visto que mucha de su capacidad presente para atender las necesidades del pueblo de Dios y de escribir esta bella obra, tiene sus raíces en la relación tan genuina que ella y su esposo el apóstol Nahum Rosario tienen entre sí por más de cuarenta años, en unidad con Dios.

Creo profundamente que esta magnífica obra te ayudará a dejar de lado las situaciones del pasado que te pudieran haber llevado a desvalorizar tu persona y tu imagen, para conducirte a verte y sentirte como una mujer que Dios se lució en esculpir.

He leído muchos libros motivacionales sobre la mujer, y a diferencia de otros, puedo decir, porque conozco el libro y a su autora, que la escritora vive lo que escribe, y no usa palabras solo para motivarte, sino para enfocarte y guiarte a un futuro con Jesús.

Oro a Dios para que al aplicar los principios de este libro, te lleven a la totalidad de mujer que Dios desea, que puedas conseguir en estas páginas la dirección que necesites para hacer de tu vida una más feliz y más satisfactoria que nunca antes.

Capítulo I. ¡Y DIOS HIZO UNA MUJER!

Y Dios hizo una mujer. ¡Cuántas conjeturas y bromas se han hecho acerca de la mujer aún entre los mismos cristianos! La mujer ha sido acusada una y otra vez de ser la responsable de todos los males existentes en el mudo por causa de lo que hizo Eva. Parece que siempre que el hombre quiere excusar su fracaso, lo más fácil es echarle la culpa a una mujer. No podemos ver la mujer como un error de Dios, o como un mal necesario con el cual los hombres tienen que compartir este planeta.

¡La Mujer es una Idea muy Brillante de Dios!

Si queremos entender la naturaleza, el propósito y la función de toda mujer, tenemos que ir a la única fuente confiable de información que es la Palabra de Dios. No podemos aceptar las ideas de la filosofía y

Minerva Rosario

sicología moderna para explicar el origen, formación y desarrollo de la mujer.

El Registro Sagrado nos asegura, y lo da por hecho, que el hombre no es producto de una evolución que tomó millones de años. La Biblia comienza en el primer verso con la premisa *"En el principio creo Dios los cielos y la tierra"* (Génesis 1:1). Si aceptamos esto como la verdad absoluta sobre Dios y su creación, entonces no tendremos problemas aceptando también que Jehová Dios formó al hombre del polvo de la tierra, y sopló en su nariz aliento de vida.

Tanto el hombre como la mujer tienen la vida Dios.

Dios sopló espíritu de vida para que el hombre fuese un ser viviente, y le dio toda autoridad para gobernar, reinar, llenar y sojuzgar la tierra. Al soplar Dios en el hombre, depositó en él su naturaleza, sus características y sus habilidades. Dios se reprodujo en el hombre y depositó en él toda su riqueza espiritual. Esta es la razón por la cual Dios, siendo un ser espiritual, podía comunicarse con el hombre. Los patriarcas entendían esto como la única explicación sobre el origen de la raza humana. Uno de ellos dijo:

¡Y DIOS HIZO UNA MUJER!

"El Espíritu de Dios me hizo y el soplo del omnipotente me dio vida" **Job 33:4**

Inmediatamente que Dios hizo al hombre se dio cuenta de algo muy importante, y es que el hombre no podría hacer toda la obra de dominio que Dios le había asignado por sí solo. Viendo Dios que el hombre estaba solo, fue movido a misericordia y en su gran amor por él quiso hallarle ayuda idónea. Dios presentó a Adán todos los seres que había creado, pero entre todos ellos no halló ayuda idónea para él. ¿Cuál fue entonces el recurso de Dios para conseguirle ayuda a Adán?

Entonces Jehová Dios hizo caer sueño profundo sobre Adán, y mientras éste dormía, tomó una de sus costillas, y cerró la carne en su lugar. 22 Y de la costilla que Jehová Dios tomó del hombre, hizo una mujer, y la trajo al hombre. **Génesis 2:21-22**

Aunque la mujer fue formada del mismo polvo de la tierra del que fue hecho Adán, hay una gran diferencia entre ella y Adán. El material que Dios usó para hacer a Eva ya había pasado por un proceso de progresión. Ya el polvo de la tierra se había convertido en carne y hueso en la persona de Adán. Es por eso que Dios sacó una costilla del hombre y de esa costilla formó a una bella compañera para Adán. El mismo Adán al observar la mujer que Dios le trajo, exclamó con admiración: *"**Esto es ahora hueso de mis huesos y carne de mi carne**"* (Génesis 2:23).

Cada Hombre Necesita Una Mujer.

Dios no creó una mujer o ayuda inferior al hombre, pues sería una degradación en el proceso de creación de Dios. Tampoco fue la intención de Dios hacerla superior, pues ella dominaría y se enseñorearía del hombre. Dios creó a la mujer igual al hombre para que fuesen compatibles en espíritu, alma y cuerpo. El Creador sabía que el hombre necesitaba a su lado una mujer con firmeza y sensibilidad con la capacidad de inspirar y motivar a su compañero.

En la misma forma que el hombre recibió la imagen y semejanza de Dios, la mujer recibió la imagen y semejanza del hombre. Esto no constituye a la mujer en un ser inferior, sino en un ser compatible con la naturaleza o idiosincrasia del hombre.

Lo anterior no te pone por encima del hombre, pero sí te pone como algo especial para Dios y para el hombre. Eres una ayuda idónea escogida por Dios para ayudar al hombre a cumplir su propósito. Por eso es,

¡Y DIOS HIZO UNA MUJER!

que la mujer sabia nunca asume un rol dominante y machista, sino que se adapta y ajusta al varón para así cumplir con él, el llamado de Dios. El plan de Dios es que cada mujer que se casa se convierta en la compañera de vida de ese varón.

Por tanto, dejará el hombre a su padre y a su madre, y se unirá a su mujer, y serán una sola carne. Génesis 2:24

Imagínate mujer, ¡cómo fuiste creada! Dios sumerge a Adán en un sueño profundo para sorprenderlo, al despertarlo, con un hermoso regalo. Podemos decir, que Dios envolvió ese regalo en el cuerpo de una mujer. ¿Qué sentimos cuando vamos a dar un regalo a alguien que es muy especial para nosotros? Yo creo que eso mismo sentía Dios antes de darle este especial regalo a su hijo Adán. Puedo visualizar a Dios muy entusiasmado al empezar a formar la segunda obra maestra de su creación.

Primero, duerme a Adán y lo rodea de toda la paz, calma y tranquilidad que el ser humano necesita para dormir profundamente. Posiblemente, el Espíritu Santo sopló dulcemente sobre su cara para cerrar sus pupilas antes de que el Cirujano Divino hiciera la primera operación de la historia de la humanidad.

Minerva Rosario

Ahora, Dios corta suavemente la piel del costado de Adán y saca una costilla y cierra la carne en su lugar. Dios comienza a hacer el trabajo de un escultor, va tallando ese hueso y esculpiendo en él la bella figura femenina con mucha precisión y perfección.

Dios quería algo hermoso y diferente para Adán. Él quería darle la sorpresa a Adán con una criatura que no halló entre todos los animales que ya había creado y mostrado a Adán. Dios estaba haciendo un trabajo muy serio y en serio. ¡Te estaba haciendo a ti, mujer! Es por eso que cada mujer debe considerarse nada menos que una creación especial del amor de Dios hacia el hombre. La totalidad del complemento que Adán necesitaba para estar finalmente realizado como hombre, la encontró en la mujer que Dios le entregó ese día.

Dios Hace Todo Perfecto.

¿Puedes ahora imaginar qué sintió Dios cuando vio finalizada su obra? ¿Puedes imaginar a Dios dando los últimos detalles, los últimos toques? Dios es perfecto y es un Dios de excelencia y todo lo que hace con sus manos tiene un toque de perfección y de

¡Y DIOS HIZO UNA MUJER!

excelencia. Puedes comprobarlo en la grandeza y majestad de su creación.

¿No es todo perfecto en la naturaleza? ¿Has observado un amanecer, un atardecer, un día de verano, una tormenta de nieve a través de una ventana, el mar en su inmensidad, el curso de un río, las montañas, las altiplanicies, los valles, los cerros, la lluvia, los árboles, una cascada, las grandes cataratas, el firmamento, el arco iris, las plantas, las flores? ¿No es todo eso hermoso y perfecto? ¡Y todo eso lo hizo Dios!

Para Dios valemos mucho más que toda la creación.

Jesús dijo: *¿No valéis vosotros mucho más que las aves?* (Lucas 12:24).

Por lo tanto, podemos estar seguros que al hacer a Adán y a Eva, Dios utilizó la misma perfección de sus manos porque él quería una creación majestuosa y perfecta.

Un Regalo Muy Especial.

No había otro ser en la creación que pudiera ser la ayuda idónea para Adán. Dios tuvo que hacer algo

Minerva Rosario

especial y superior a lo que había creado. Ya Dios había terminado la obra de su creación y había comprobado que todo era bueno y no sólo era bueno, sino que Dios había pronunciado su bendición sobre toda la creación.

Dios le dio los toques finales a su regalo para Adán y muy satisfecho de su obra despertó a Adán de su sueño y le presentó a la mujer. ¿Ahora puedes imaginar la reacción de Adán? Miró a la mujer, no lo podía creer. Me imagino a Adán estrujando sus ojos para ver si estaba soñando o estaba despierto. Abrazó a la mujer, daba vueltas con ella en los brazos, la besaba y la abrazaba y finalmente pudo gritar: *"Esto es ahora hueso de mis huesos y carne de mi carne"* (Génesis 2:23).

¿Cómo se sintió Dios al haberte creado? Créeme, amada lectora, que mi corazón late muy fuerte dentro de mí y creo que siento la misma felicidad que Dios sintió al ver lo que había creado. Por fin, todo estaba perfecto, su creación era perfecta, su amor para Adán y Eva era perfecto. La plenitud de Dios estaba en el Paraíso.

Ahora sí, Dios había completado su obra, la había completado con la mujer, con esa hermosa figura

¡Y DIOS HIZO UNA MUJER!

fémina que él había creado para Adán. La culminación de esta obra divina fue el acto de Dios de bendecir a ambos para que hicieran su obra en la tierra.

Y los bendijo Dios, y les dijo: Fructificad y multiplicaos; llenad la tierra, y sojuzgadla, y señoread en los peces del mar, en las aves de los cielos, y en todas las bestias que se mueven sobre la tierra. Y dijo Dios: He aquí que os he dado toda planta que da semilla, que está sobre toda la tierra, y todo árbol en que hay fruto y que da semilla; os serán para comer. 30 Y a toda bestia de la tierra, y a todas las aves de los cielos, y a todo lo que se arrastra sobre la tierra, en que hay vida, toda planta verde les será para comer. Y fue así. Génesis 1:28-30

¿Por Qué el Hombre es Así?

Nos podemos preguntar: ¿Qué es el hombre? ¿Por qué es diferente a la mujer? Nunca ignores que cuando Dios estaba en el proceso de hacer la mujer, Él estaba consciente de la realidad que aunque el hombre y la mujer eran iguales ante Él, eran diferentes en su formación, en su mentalidad y en sus actitudes. Podemos ver la gracia y la sabiduría de Dios al hacer dos criaturas diferentes, pero a la vez compatibles, para llevar a cabo su plan en la tierra.

Dios pone un instinto paternalista en el hombre. Su mayor deseo es de crear, proveer, enseñar, dirigir, guardar, etc. En términos generales, el hombre comparte lo que tiene y lo que es con aquellos por quienes es responsable. Por lo general, entrega totalmente su corazón, su voluntad, mente y cuerpo para proveer a su familia. Tiende a ver a su familia como única y muy especial.

Hay muchos que se dejan engañar por el diablo y menoscaban su obligación bíblica y social de ser proveedores o de ser sacerdotes del hogar. Dejan que la esposa sea la que críe y enseñe religión a los hijos, y sin saberlo están menoscabando su propia hombría y violando las instrucciones claras de las Escrituras.

"Porque si alguno no provee para los suyos, y mayormente para los de su casa, ha negado la fe, y es peor que un incrédulo". 1 Timoteo 5:8

Cada hombre tiene dentro de sí un Espíritu conquistador que le fue dado. Dios le dijo al hombre que señoreara, que fuera el señor y amo de la tierra, que se la había entregado en sus manos el dominio

¡Y DIOS HIZO UNA MUJER!

sobre todo lo que Él había creado, dominio sobre la naturaleza.

Esta es la razón por la cual el hombre tiene un espíritu de dominio, de superación y un espíritu competitivo. Es una forma de demostrar su valor, vigor y fortaleza. Por eso se esfuerza, trabaja, conquista; y hace todo lo posible por superarse aún más allá de sus fuerzas. Para él, el mundo de los negocios y su trabajo es su ambiente natural.

Más Práctico que Emocional.

Su interés es cautivado por el deseo de su superación y competencia. Esto se puede convertir en un peligroso juego donde el trabajo y la excitación por los logros y éxitos realizados se interpongan entre él y su familia. En su búsqueda de éxitos, nuevos retos y nuevos horizontes, puede perder la perspectiva familiar. Para él, el mundo real son los objetos tangibles, los planes y proyectos. Casi siempre en el hombre la razón domina por encima de los sentimientos y emociones. Al pensar en personas, piensa en la función que cada quien desempeña.

Todo hombre tiene una tendencia de proteger su personalidad interna, no le gusta revelar sus sentimientos íntimos. Por eso, generalmente, el hombre es más reservado que la mujer. El cree que con sólo demostrar el amor todo está bien. Piensa que no es de hombres demostrar sus sentimientos en públicos. De ahí surgen dichos tales como: "los hombres no lloran", y "los machos no se rajan".

Esto se refleja aún en la vida sexual del hombre. Su impulso sexual es alimentado por ese deseo de demostrar su hombría y su liderazgo. Es por está razón que la mujer que rebaja al hombre ante ella o ante otros hombres está destruyendo su socio sexual. La mayor parte de los hombres quieren demostrar su hombría al conquistar a su compañera y conducirla al placer pleno.

Todo Hombre Necesita la Admiración de su Esposa.

Recuerda que ningún hombre quiere conquistar a una mujer que actúa como otro hombre. El hombre necesita la admiración y el alta estima de su esposa. Esto alimenta su ego, lo ayuda a la realización como hombre, esposo y líder en la sociedad. No empujes a tu esposo, usa la sabiduría, estimúlalo, y ayúdalo.

¡Y DIOS HIZO UNA MUJER!

Esta es la regla del juego. Los hombres son heridos en su auto estima cuando sospechan que la mujer no tiene confianza en sus habilidades proveedoras y protectoras, porque consciente o inconscientemente cada hombre sabe que Dios lo ha equipado para el éxito.

A veces las mujeres nos sentimos molestas porque los hombres son diferentes a nosotros. Nosotras vemos los detalles, ellos ven lo práctico. Son muy pocos los hombres detallistas. Creo que ni cuenta se dan cuando las esposas exigen mucha atención, cortesía, mimos, etc. Estos detalles agradan tanto a la mujer, ya que la hacen sentir como algo superior a la ama de llaves.

Reduerda que él se proyecta hacia el futuro, planifica el mañana. Sabe discernir en las cosas más esenciales. Es práctico, por lo general, económico. Analiza todo cautelosamente y sin apuros. Luego toma decisiones basadas en las evidencias analizadas. Sus decisiones son basadas en la proyección futurista de él y de su familia. Como cabeza del hogar, Dios lo ha equipado para el éxito.

Minerva Rosario

No Debe Haber Competencia.

Nunca fue el propósito de Dios que el hombre y la mujer se enredaran en una competencia para probar cuál de los dos es mejor, o quién es más fuerte o superior. Su plan perfecto fue que cada uno de estos dos socios de su creación entendiera cuál es su lugar en la tierra, y cada uno de ellos se dedicara con todas sus fuerzas y energías a hacer aquello para lo cual Dios los había capacitado.

Toda violación de este principio lo que ha hecho es interrumpir el orden de Dios en la sociedad y crear un sinnúmero de hombres y mujeres frustrados, llegando al colmo de una sociedad enferma donde hombres y mujeres han perdido su verdadera identidad y han llegado al extremo de lo que dijo Pablo escribiéndole a los Romanos:

Por esto Dios los entregó a pasiones vergonzosas; pues aun sus mujeres cambiaron el uso natural por el que es contra naturaleza, 27 y de igual modo también los hombres, dejando el uso natural de la mujer, se encendieron en su lascivia unos con otros, cometiendo hechos vergonzosos hombres con

¡Y DIOS HIZO UNA MUJER!

hombres, y recibiendo en sí mismos la retribución debida a su extravío. Romanos 1:26-27

Mujer, si quieres ser verdaderamente feliz, descubre tu propósito en Dios, y siéntete dichosa de ser mujer y de haber sido creada por Dios para ser una ayuda idónea para el hombre. Recuerda que si ejerces tu función con sabiduría y dedicación, tendrás la bendición de Dios para tu vida.

Di conmigo: ¡Gracias a Dios que soy mujer!

Minerva Rosario

Capítulo 2. ¡UN SER MUY ESPECIAL!

La realización plena de toda mujer no está en tratar de alterar el orden de Dios, sino en fluir en la gracia que Dios le dio como mujer. Si cada mujer entendiera esto, nunca sufriría de complejos de inferioridad y no tendría que refugiarse en un feminismo humanista y diabólico para descubrir su identidad. Toda mujer que hace esto y dice que es feliz sólo está cubriendo con una máscara su falta de realización espiritual. Sólo Dios y su Palabra tienen la solución para la felicidad de la mujer.

La mujer fue creada para procrear; su desarrollo total es a través de la maternidad. En la profundidad de su ser está el deseo de producir. Por esto al ser violada o privada de un embarazo por medio de un aborto se siente defraudada y se siente muerta en vida. Se necesita someterla a liberación para poder ser libre de la depresión y ansiedad que este acto anormal siempre causa. En casos extremos, donde la mujer no puede procrear, adoptará la figura materna con una mascota o con su esposo, hermano o alguien más.

La mujer siempre busca de la aceptación masculina. El sello de su aprobación cuando es niña lo recibe de su padre. Al crecer busca esa aceptación en el amor de su esposo y sus hijos. Para ella al amar y ser amada es útil. Su satisfacción máxima es sentirse útil en la vida de su esposo e hijos, suplir las necesidades de su familia y demostrarles afecto. Ella es conquistadora, su arma de conquista es el amor.

La Proyección Natural de la Mujer.

Su centro de interés es su hogar. El hogar es una expansión de ella misma el cual refleja qué tipo de mujer es ella; si es creativa, perfeccionista, detallista, etc. Su hogar es el centro de refugio y satisfacción donde ella se siente reina. La mujer por lo general es conservadora, tiende a echar raíces y luchar por preservar la seguridad que la rodea. La mujer demanda y quiere atención. La mujer es esclava de sus sentimientos. Esto lo muestra en su tendencia normal a apegarse a su hogar, a sus amistades y aún a las cosas que la rodean.

UN SER MUY ESPECIAL

Está más consciente de cada individuo que la rodea. Por eso viste más para otros que para ella misma. La mujer es un ser humano único con necesidades únicas. Su tendencia natural es a ser más llevadera en sus decisiones. No le gusta mostrar su desnudez, especialmente si tiene complejos de fea o poco atractiva. Piensa: ¿qué pensará o dirá la gente de mí, de mi cuerpo? No se refrena en lo que siente, puede expresar con libertad lo que siente o piensa. Por eso muchas veces ofende sin tener una mala motivación en el corazón.

Su estado de ánimo y el ambiente que la rodean tienen mucho que ver con su respuesta hacia el sexo. Muchas veces se deja desanimar por cualquier detalle insignificante, expresión, o comentario de su esposo, etc. Su excitación sexual depende más del tacto y de lo que oye. No se estimula con lo que ve, tan fácilmente como el hombre.

Más Emocional que Racional.

Toda mujer busca la aprobación y el elogio de su esposo. Le gusta oír de sus virtudes en la cocina, en el hogar y en la crianza de los hijos. Como ella es más amorosa, más emocional y más dependiente que el hombre, es muy sensible al sentido de soledad. Tiene mayor necesidad de relaciones interpersonales y de comunicación de corazón a corazón.

Vive en el hoy, no se preocupa del mañana. ¿Qué pasa hoy, qué tengo o compro hoy? Es fácilmente impresionada por una pequeña flor o un detalle insignificante como lo es un piropo sobre el vestido que acaba de ponerse. Altamente intuitiva, o necesita que su esposo le comparta situaciones, ella se las imagina. Depende del instinto y es observadora y emocional.

Su estado emocional cambia fácilmente y con frecuencia. Tiene una tendencia a buscar faltas en ella y es exigente con ella misma. Es influenciada por el medio ambiente y amistades. El sueño de toda mujer es conseguir un esposo responsable y buen proveedor; necesita depender de un hombre que la proteja la cuide y guarde. A la mujer le gusta sentirse necesitada e imprescindible. Desea y quiere ser considerada como algo estimado y valioso en su hogar. Desea que se le consulte y se tome en cuenta su opinión.

Hasta cierto punto cada mujer desea ardientemente la atención, el amor y el cariño de su esposo. Esta actitud proteccionista la lleva a no querer

UN SER MUY ESPECIAL

compartirlo ni con Dios ni con la gente. Esta es una de las razones por la cual, cada esposa de pastor o ministro del evangelio, debe balancear este sentido de egoísmo y entregar su esposo a Dios. No debe aspirar a que su esposo sólo viva para ella, sino que debe saber que el secreto de la felicidad está en dar antes que en recibir. Con Dios nunca se pierde.

¿Para Qué Fuiste Creada?

Dios creó a la mujer como la ayuda idónea del hombre. La sacó de una costilla del varón como significado de que ella estaría al lado del hombre, nunca atrás o al frente; nunca arriba o abajo. La mujer sería el complemento del varón, la compañía en su soledad, la fortaleza en su debilidad y la ayuda oportuna en el momento de la aflicción, y para esto Dios le dio a la mujer las mismas habilidades y cualidades con las que dotó al hombre.

Dios se reprodujo en Adán y en Eva. Por eso Él dijo: *"Hagamos al hombre a nuestra imagen, conforme a nuestra semenjanza..."* (Génesis, 1:26). Déjame parafrasear lo que Dios dijo: *"Les voy a dar mi propia existencia, lo más íntimo de mi ser, mi existencia espiritual, mis partículas microscópicas, mi material genético, todas mis características, todos mis rasgos los cuales me constituyen en Dios, les daré mi misma esencia".*

Y aún cuando en el hombre estaba la plenitud de Dios, le faltaba la ayuda idónea porque *"No es bueno que el hombre esté solo; le haré ayuda idónea para él".* Con esta expresión Dios muestra su amor y es por eso que la mujer representa la misericordia y el amor de Dios. El hombre representa la lógica y la ley de Dios. Y unidos el hombre y la mujer representan la totalidad de Dios.

Y los bendijo Dios, y les dijo: Fructificad y multiplicaos; llenad la tierra, y sojuzgadla, y señoread en los peces del mar, en las aves de los cielos, y en todas las bestias que se mueven sobre la tierra. *Génesis 1:28*

La mujer no es la ayuda inferior que Dios proveyó, no es menos capaz o menos inteligente. Si el hombre representa la lógica y la ley de Dios y la mujer el amor y la misericordia, entonces significa esto que el hombre es el cerebro y la mujer el corazón; ambos son necesarios para la existencia humana.

¿Quiénes Somos?

UN SER MUY ESPECIAL

Aunque el la Biblia describe quién es el hombre en el plan original de Dios, podemos con toda libertad aplicarle esas características a la mujer. *Les has hecho un poco menos que los ángeles ("Elohim"=Dios). Lo coronaste de gloria y de honra. Le hiciste señorear sobre las obras de tus manos. Todo lo pusiste debajo de sus pies.* Salmo 8:5-6

Eran ambos señores: El Sr. Adán y la Sra. Adán. Recuerda que el nombre Eva vino después de la caída. Y recuerda que fuiste creada para ser la "ayuda idónea", no la jefa, no la que manda, no la cabeza. No fuiste hecha para dominar, sino para complementar.

Tu autoridad viene del hombre. Como las mujeres ocupamos el lugar para el cual Dios nos creó, nos convertimos inmediatamente en la ayuda idónea y podemos cumplir el propósito para el cual fuimos creadas.

Cuando el pecado entra a través de la desobediencia de Adán y Eva, Dios tiene que tomar una acción para que el propósito de su creación continúe.

A la mujer dijo: Multiplicaré en gran manera los dolores en tus preñeces; con dolor darás a luz los

Minerva Rosario

hijos; y tu deseo será para tu marido,[a] y él se enseñoreará de ti. Génesis 3:16

El propósito original de Dios fue establecer un orden de autoridad y jerarquía aún antes del hombre pecar. Por consecuencia del pecado esto se hizo más real cuando Dios le dijo a la mujer que el marido se enseñorearía sobre ella. Esto no echa a un lado el plan original de Dios de que la mujer fuera un complemento para su marido. La razón principal de la sumisión de la mujer al hombre es para protegerla de la ira que Satanás tiene hacia ella por razón de la promesa dada.

"Y pondré enemistad entre ti y la mujer, y entre tu simiente y la simiente suya; ésta te herirá en la cabeza, y tú le herirás en el calcañar." Génesis 3:15

La Mujer Debe Mantenerse en Sumisión

Pablo nos explica la razón por la cual la mujer debe mantener su lugar de sumisión y no tratar de ejercer dominio sobre el hombre porque Adán no fue engañado, sino que la mujer siendo engañada incurrió en transgresión.

Porque Adán fue formado primero, después Eva; y Adán no fue engañado, sino que la mujer,

UN SER MUY ESPECIAL

siendo engañada, incurrió en transgresión. 1 Timoteo 2:13-14

Por esto es que cada mujer que ministra en la congregación debe estar cubierta por la autoridad espiritual de un hombre espiritual.

El diablo, quien fue el tentador de la mujer, y quien continúa haciendo muy bien su trabajo y quien ahora se ha superado en sus acciones; ha usado esta situación para que la creación de Dios argumente que Dios es machista y que, por lo tanto, la Palabra de Dios (La Biblia) es un libro machista.

Incluso, algunos maestros de la Biblia han argumentado, que debido a que la mujer está en sumisión al hombre sólo por causa del pecado; en el momento que ella es salva y es libre de la maldición ya este principio no se aplica. La realidad es que esta interpretación equivale a torcer lo que está muy claro en los escritos de Pablo y de los padres de la iglesia. No negamos el hecho de que la mujer pueda complementar al hombre para ayudarlo a sojuzgar la tierra, pero todavía hay jerarquías y líneas de autoridad como las sigue habiendo en el cielo.

Minerva Rosario

Pero quiero que sepáis que Cristo es la cabeza de todo varón, y el varón es la cabeza de la mujer, y Dios la cabeza de Cristo. 1ra Corintios 11:3

Nunca creas que sumisión es una maldición o una degradación espiritual para la mujer de Dios. Las mujeres que estamos sometidas a Dios y a su Palabra hemos descubierto que somos una gran bendición cuando asumimos el papel que Dios nos ha designado. Por esta razón es que en el próximo capítulo vamos a ver el papel de la esposa como un privilegio que Dios nos da de poder complementar la vida del hombre que Dios trae a nuestra vida para ser nuestra cabeza espiritual.

Capítulo 3. EL PRIVILEGIO DE SER ESPOSA

"Y de la costilla que Jehová Dios tomó del hombre, hizo una mujer" Génesis 2:22

Dios pudo haber hecho otro hombre, pero Él tuvo una mejor idea y quiso que fueras mujer. Esto es lo que toda mujer debe reconocer y aceptar, su identidad de mujer. Fuiste creada mujer y la principal responsabilidad que tienes que desempeñar es la de ser mujer. No tienes que imitar al hombre ni que competir con él por un lugar en la sociedad y menos tratar de ser hombre.

Recuerda que tú eres el amor y la misericordia de Dios; y aun cuando tengas la misma inteligencia, las mismas capacidades y las mismas habilidades que tiene el hombre, tú sigues siendo mujer. Nunca permitas que satanás te engañe diciéndote que eres lo que no eres. Una mujer que viola su identidad nunca será feliz y nunca será el complemento que Dios diseñó para ayudar al hombre a enseñorearse de la tierra.

Al ser establecidas las líneas de autoridad y jerarquías, van apareciendo características y diferencias en las funciones del hombre y la mujer, pero la esencia continua siendo la misma, no cambia. Al decir Dios que la mujer está sometida a su marido, ella comienza a funcionar como protegida y él hombre como el protector; ella como débil, él como fuerte; ella como subjetiva, él como objetivo; ella intuitiva, él lógico; ella seguidora, el líder; ella variable, él firme.

¡Acéptate Como Mujer!

Uno de los problemas de la sociedad moderna es la aceptación. Lo primero que tenemos que aceptar es que Dios, el Creador del universo, no se equivoca y cuando no aceptas la responsabilidad de tu equipo físico, vas en contra de la voluntad de Dios. Así como el pecado de Adán y Eva trajo maldición, así también al tú no aceptar tu lugar traerás maldición a tu vida en lugar de bendición.

Aceptación es la clave #1 para fluir como lo que tú eres: **"Creación especial del Padre Celestial"**. Dios te

EL PRIVILEGIO DE SER ESPOSA

ha capacitado para ser mujer ideal, y si logras tener la imagen correcta de ti misma, podrás garantizar tu éxito en la relación contigo misma y con los demás. Una mujer se realiza sólo cuando sabe lo que es en Cristo y se deja dirigir por el Espíritu Santo y por la Palabra.

¡Mujer, tú no eres cualquier cosa, tú eres el templo del Espíritu Santo!

¿O ignoráis que vuestro cuerpo es templo del Espíritu Santo, el cual está en vosotros, el cual tenéis de Dios, y que no sois vuestros? 1ra Corintios 6:19

¿No es esto una gran noticia para ti? Tu propio cuerpo, mente y espíritu son el templo del Espíritu Santo. Debes aceptar que Cristo mora en tu espíritu, alma y cuerpo de mujer y podrás edificar tu vida espiritual desde esta perspectiva. Acepta que Dios se manifiesta en tu espíritu de mujer, tu mente de mujer y tu cuerpo de mujer. Por eso, debes seguir el consejo del Apóstol Pablo:

Así que hermanos os ruego por las misericordias de Dios que presentéis vuestro cuerpo en sacrificio vivo, santo y agradable a Dios, que es vuestro culto racional. No os conforméis a este siglo, sino transformaos por medio de la renovación de

Minerva Rosario

vuestro entendimiento, para que comprobéis cual sea la buena voluntad de Dios, agradable y perfecta. Romanos 12:1-2

Fuiste Creada Para Ser Esposa

Por tanto dejará el hombre a su padre y a su madre y se unirá a su mujer y los dos serán una sola carne. Génesis 2:24

Esto significa que tú eres esposa, compañera, ayuda idónea y que funcionarás con tu marido como una unidad. Tendrás que aprender a hablar el lenguaje que él habla, a ponerte de acuerdo con él en todo, y a caminar juntos por la misma senda. *¿Andarán dos juntos, si no estuvieren de acuerdo?*

El sueño dorado de toda joven es el matrimonio; sin embargo, sin la orientación adecuada, nos damos cuenta que una gran mayoría de ellas en lugar de seguir soñando, entran en una horrible pesadilla la cual casi siempre termina en separación o divorcio.

No quiero que esta enseñanza se preste a malas interpretaciones y que se haga a la mujer totalmente responsable del éxito o fracaso del matrimonio. El papel del hombre es muy importante y esencial, ya que él tiene el llamado especial para guardar, dirigir y

EL PRIVILEGIO DE SER ESPOSA

gobernar el hogar; pero en este libro nos concentraremos en el papel femenino. Teniendo la mujer el papel de colaboradora idónea del esposo, debe ayudarlo a escalar peldaños de éxito con la visión de que ambos serán gratificados.

El éxito se logra cuando se desempeña un trabajo capaz de producir satisfacción. Por esta razón, la mujer debe envolverse intensamente en las metas de su esposo. Ella nunca debe ser un obstáculo a las aspiraciones de superación de su marido. La mujer que quiere ganarse a su marido y conseguir que éste sea un amante pasional, debe estimular en él el deseo de superación que es propio del hombre por causa de su llamado a ser líder.

No Seas una Mujer Conformista

No permitas el conformismo en tu relación, sé optimista acerca del futuro. Enfréntate con fe y valentía a toda eventualidad, fomenta la armonía y mantén siempre una actitud conciliadora. Una mujer inteligente está dispuesta a compartir no sólo los momentos agradables de éxitos y victorias, sino también las experiencias negativas. Si tú estás dispuestas a elevar la norma de amor y hacer feliz a tu esposo, te garantizo que tú también serás feliz. Recuerda que lo que uno siembra es lo que uno cosecha.

Toda mujer que aplique estos principios cuidadosa e inteligentemente, eliminará muchos obstáculos del camino para lograr la realización y el éxito de metas que beneficiarán el núcleo familiar.

Toda mujer debe recordar que su ayuda es esencial para producir un hombre seguro, realizado y feliz. ¿Pero qué es verdaderamente ser esposa? Cada generación define este término muy diferente. En tiempos pasados se esperaban cosas que hoy en día creemos son obsoletas y absurdas. Cada generación ha dejado un legado diferente y ciertas costumbres de algunas culturas que no son necesariamente bíblicas. Tenemos que establecer la diferencia entro lo que dice la Biblia y lo que es netamente tradición o costumbre.

¿Cuál es el Papel de la Esposa?

El que halla esposa, halla el bien y alcanza la benevolencia de Jehová. Proverbios 18:22

Hay diferentes expectativas en cuanto al papel de la esposa. Si tomamos en cuenta la inmutabilidad de Dios y que es el mismo ayer, hoy y siempre,

EL PRIVILEGIO DE SER ESPOSA

tenemos que aceptar que sus expectativas son las mismas para todos los tiempos. En virtud de ello, debemos ir a la Palabra de Dios sin ningún tipo de prejuicios y descubrir cuál es el papel que Dios ha establecido para la esposa dentro del marco del cristianismo.

Lo más importante en tu papel de esposa es establecer prioridades y tu prioridad no debe ser tu trabajo, ni la limpieza de tu casa, ni cocinar, etc. Tu prioridad debe ser establecer una relación favorable con tu ¨Padre Celestial. Me refiero a una verdadera comunión con el Espíritu Santo y desarrollar sensibilidad para las cosas de Dios. Esa sensibilidad en el mundo del espíritu equivale a una buena relación con tu esposo e hijos.

El balance que necesitas para tu vida espiritual y familiar, viene de la relación verdadera que tienes con tu Padre Celestial. Él te capacitará para que el favor, la paz, el amor y la compresión sean las bases de tu hogar. No me estoy refiriendo aquí a una falsa espiritualidad, lo que constituye en muchas un juego para controlar, manipular y dominar a sus esposos.

El plan de Dios para ti es que hables con sabiduría, que tus palabras sean dulces hacia tu esposo, que él te admire y sepa que eres una mujer virtuosa y santa. Esta actitud puede hasta producir salvación para tu esposo si no es salvo. Si él es creyente lo acercará más a Dios y mucho más a ti. Será un fiel amante, un hombre total en su relación con Dios y en su relación con su familia. La Biblia tiene promesa para esa clase de mujer:

Asimismo vosotras, mujeres, estad sujetas a vuestros maridos; para que también los que no creen a la palabra, sean ganados sin palabra por la conducta de sus esposas, 2 considerando vuestra conducta casta y respetuosa. 1 Pedro 3:1-2

¿Qué Significa Sujeción?

No sé cómo definirás el término **"sujeción"**. En primer lugar, tenemos que aceptar que esto fue idea de Dios y es para nuestro provecho; de modo que, no es idea de los predicadores, ni de Pablo; es Dios quien lo define. Y en segundo lugar, hay resultados y promesa de salvación, sanidad y éxito familiar para los que obedecen y guardan la Palabra de Dios.

Sujeción es una ligadura, un lazo con el que se sujeta una cosa a otra de modo que no pueda separarse, dividirse o inclinarse. Sujetar significa estar

EL PRIVILEGIO DE SER ESPOSA

expuesto al dominio de alguien, asegurarse o afirmar algo.

Para mi interpretación, el cristiano al igual que la esposa, se somete por amor. La razón por la cual amamos y recibimos a Cristo como Señor, es porque Él nos amó primero. Nos sometemos a nuestros esposos por fe en las palabras de juramento que hicimos ante el altar de amarnos, cuidarnos, protegernos, entre otras. También nos sometemos porque Dios nos dice que lo hagamos como la manifestación visible del sometimiento de la iglesia de Cristo. Nos sometemos porque el esposo ha de amarnos como Cristo ama la iglesia. ¡Aleluya! ¡Qué hermosa es una relación así!

El Amor es la Base de la Sumisión

Pero hay otra forma de sujeción y es la que oprime, domina, destruye, mantiene con despotismo y no es ejercida por Dios, sino por el diablo. Desafortunadamente muchos esposos actúan de esta manera, porque el amor del Padre celestial no está en ellos; no saben lo que es amar como Cristo amó hasta estar dispuesto a morir por la iglesia. Estamos ligados o enlazados con Dios y a su naturaleza por el Espíritu Santo. Voluntariamente recibimos su amor, porque Él primero se sacrificó por nosotros. Como Él nos amó primero luego, nosotros, correspondemos a su amor voluntariamente.

Pablo nos da un ejemplo de lo que es estar enlazados con el Señor:

Por lo cual estoy seguro de que ni la muerte, ni la vida, ni ángeles, ni principados, ni potestades, ni lo presente, ni lo por venir, ni lo alto, ni lo profundo, ni ninguna otra cosa creada nos podrá separar del amor de Dios, que es en Cristo Jesús Señor nuestro. Romanos 8:38-39

Este tipo de relación es el mismo que Dios quiere entre dos creyentes que se unen en matrimonio. La voluntad perfecta de Dios es que tú creas y confíes en que nada ni nadie podrá separarte de tu amado. Recuerda una vez más ***"Ella es hueso de mis huesos y carne de mi carne"*** Génesis 2:23

Se menciona además en Génesis 2:24 ***"Y los dos serán una sola carne"***. Es decir, hay una acción de dejar toda dependencia hacia el padre y la madre, para crear una unión inquebrantable y permanente entre el hombre y la mujer.

EL PRIVILEGIO DE SER ESPOSA

Nadie está diciendo que ser esposa es fácil, que todo es color de rosa y que siempre estarás caminando en las nubes de la semana de luna de miel. Recuerda que hay un enemigo, pero también recuerda que hay un pacto ante Dios y es a este pacto al que hay que ser fiel.

Orden Establecido por Dios

Este asunto de la sujeción es muy importante y es clave en la interpretación bíblica. La sujeción se originó en Génesis con el propósito de protección espiritual. No se dio ni por inteligencia, ni por capacidad, ni por favoritismo, sino porque la mujer fue creada por causa del varón. Simplemente es el orden establecido por Dios desde el principio y afirmado por Pablo como la clave para la buena relación dentro del hogar cristiano.

Las casadas estén sujetas a sus propios maridos, como al Señor; porque el marido es cabeza de la mujer, así como Cristo es cabeza de la iglesia, la cual es su cuerpo, y él es su Salvador. Así que, como la iglesia está sujeta a Cristo, así también las casadas lo estén a sus maridos en todo. Efesios 5:22-24

Minerva Rosario

En estos versículos podemos ver un paralelismo bíblico de la sujeción. De la misma forma que la mujer se somete al hombre, el varón se somete a Dios y a su Palabra y no hace demandas que son extra bíblicas. Cualquier exigencia del esposo que esté en contraposición a la Palabra de Dios no es válida y ninguna mujer cristiana tiene que sentirse manipulada para obedecerla. El hombre que ama, teme y respeta a Dios, amará, cuidará y respetará a su esposa y será un ejemplo en la tierra del amor de Cristo a la iglesia.

Maridos, amad a vuestras mujeres, así como Cristo amó a la iglesia, y se entregó a sí mismo por ella. Efesios 5:25

Amada hermana, si observas que el joven al cual atiendes y consideras casarte con él no ama como Cristo, con un amor incondicional y no está dispuesto, o le da trabajo entregarse a sí mismo por ti; es tiempo de abrir los ojos y orar para que verdaderamente Dios te guarde de un yugo imposible y difícil de cargar. ¡Cuídate del "Bonitillo" egoísta que sólo se ama a sí mismo y lo que está buscando es a una socia sexual en vez de una mujer a quien amar! Mídelo por esta regla:

EL PRIVILEGIO DE SER ESPOSA

Así también los maridos deben amar a sus mujeres como a sus mismos cuerpos. El que ama a su mujer, a sí mismo se ama. Efesios 5:28

Un Amor que Sustenta y Cuida

Porque nadie aborreció jamás a su propia carne, sino que la sustenta y la cuida, como también Cristo a la iglesia. Efesios 5:29

Lamentablemente y con dolor en mi corazón, digo que hay muchos caballeros que no han recibido la revelación de lo que es sustentar a su esposa y a sus hijos como el buen esposo y padre responsable y han caído en una situación de abuso y maltrato a la familia violando así la ley de Dios e ignorando la función para la cual fue equipado por su Creador y desobedeciendo el mayor de los mandamientos *"Amarás a Dios sobre todas las cosas y a tu prójimo como a ti mismo".*

Por lo demás, cada uno de vosotros ame también a su mujer como a sí mismo; y la mujer respete a su marido. Efesios 5:33

Doy gracias y gloria a Dios por darme la revelación de lo maravilloso que es ser mujer. Pero también doy gracias por poder ser el complemento para un hombre que está cumpliendo el propósito de

Minerva Rosario

Dios de traer su dominio a la tierra. ¿No te consideras una mujer privilegiada, de que Dios te haya confiado una de las empresas más importante del universo, ser esposa?

Hay algo más que hace que una mujer se sienta realizada y que la hace sentir parte del proceso creativo de Dios. Esto es algo que ningún hombre nunca podrá experimentar aunque él es un socio activo en el asunto. Él próximo capítulo te dirá qué es lo que complementa la relación del marido y la mujer.

Capítulo 4. LA BENDICIÓN DE SER MADRE

El regalo más maravilloso que Dios pudo darle a la mujer es el poder procrear hijos. Gracias a esta capacidad en la mujer es que la raza humana ha podido multiplicarse. ¡Piensa que se requiere una mujer para traer a cada ser humano a esta tierra! ¿No es esto maravilloso? Maravíllate más, Dios usó a una mujer para que su amado hijo Jesús viniera al mundo como hombre para redimir a la raza humana del pecado.

Es interesante que siendo esta una tarea tan importante, para ello no se nos educa. Se nos educa y se nos prepara para ser secretarias, maestras, médicos, arquitectos, etc., pero todo el mundo da por sentado que nacimos sabiendo cómo ser madres. Para estas profesiones tenemos que pasar mucho tiempo estudiando, asistiendo a la escuela y aprobando exámenes: pero para ser madre tienes que depender más de tu intuición y de la dirección de tu corazón.

Ser madre es la única profesión o posición donde no se te pide nivel de estudios, ni experiencia, ni entrenamiento; sólo la guía del corazón y tu deseo de no hacerle a tu hijo lo que te hicieron o no te hicieron a ti.

Ser madre es una tarea difícil, pero gratificante. Para hacerlo bien y con efectividad tienes que usar mucha sabiduría. Sólo Dios nos puede dar la sabiduría para ser madres efectivas. Si le pedimos a Dios sabiduría en esta área podemos estar seguras que Él nos la dará, la biblia promete: **"Y si alguno de vosotros tiene falta de sabiduría, pídala a Dios, el cual da a todos abundantemente y sin reproche, y le será dada."** Santiago 1:5

Cuando Salomón fue declarado Rey se dio cuenta que tenía un compromiso muy grande, iba a gobernar, educar y mandar a todo un pueblo. Cuando Dios se le apareció y le dijo que pidiera lo que él deseara, su petición no se hizo esperar: *"Señor, concédeme sabiduría para gobernar a tu pueblo"* (1 Reyes 3:9). Esta debe ser la oración diaria de toda

LA BENDICIÓN DE SER MADRE

madre, pedir sabiduría para educar y entrenar la herencia de Jehová.

Cuidando la Herencia de Dios

He aquí, herencia de Jehová son los hijos; Cosa de estima el fruto del vientre. Salmos 127:3

Este versículo nos muestra que tenemos un serio compromiso con Dios al tener a nuestro cuidado y bajo nuestra responsabilidad nuestros hijos, que son la mejor herencia que Dios puede darnos. ¿Cómo vas a responder a tu Creador el día que Él te llame a cuentas y te cuestione de cómo educaste, criaste y cuidaste de su herencia? La parábola de los talentos nos puede dar una clara visión de lo sucederá ese día:

Porque el reino de los cielos es como un hombre que yéndose lejos, llamó a sus siervos y les entregó sus bienes. A uno dio cinco talentos, y a otro dos, y a otro uno, a cada uno conforme a su capacidad; y luego se fue lejos. Mateo 25:14-15

Este señor, que representa a Jesús, nos hace responsable de todo lo que El pone en nuestras manos. Los hijos son un regalo de Dios que nos los entrega por lo menos por 18 años y Él espera que los manejemos bien, invirtamos en ellos amor, disciplina, cuidado y formación porque un día el Señor nos pedirá cuentas de ellos.

Minerva Rosario

Recuerda esto. *Después de mucho tiempo vino el señor de aquellos siervos, y arregló cuentas con ellos.* (Mateo 25:19). Cada uno recibió su recompensa de acuerdo a su inversión. Sólo habrá dos posibilidades. *Y su señor le dijo: Bien, buen siervo y fiel; sobre poco has sido fiel, sobre mucho te pondré; entra en el gozo de tu señor.* Mateo 25:21.

La otra posibilidad no creo que nadie en su juicio cabal la quiera enfrentar. *"Quitadle, pues, el talento, y dadlo al que tiene diez talentos. Porque al que tiene, le será dado, y tendrá más; y al que no tiene, aun lo que tiene le será quitado. Y al siervo inútil echadle en las tinieblas de afuera; allí será el lloro y el crujir de dientes."* Mateo 25:28-30

¿Qué le dirás a Dios cuando te llame a rendir cuentas por los hijos (talentos) que te dio? ¿Podrás devolvérselos a Dios sabiendo que le has dado lo mejor de tus cuidados, protección, amor y educación?; o tendrás que decir como el siervo malo; Yo no lo eduqué, no lo cuide y ¿el diablo se hizo cargo de él?

Ser Madre es Ser Educadora

Instruye al niño en su camino, y aun cuando fuere viejo no se apartará de él. Proverbios 22:6

No te dé miedo ejercer disciplina en tus hijos. La disciplina no es destrucción, la disciplina no es avergonzar, la disciplina es entrenamiento correctivo

LA BENDICIÓN DE SER MADRE

del carácter del niño. Esta debe ayudar al niño a pensar en su necesidad de cambiar su comportamiento, de ayudar al niño a aprender y a crecer espiritual, intelectual y emocionalmente. La disciplina debe enseñar al niño a construir su buena imagen. La mejor forma de disciplinar a tus hijos es con tu ejemplo.

La Biblia nos autoriza a disciplinar a nuestros hijos para que estos se conviertan en personas de carácter y ciudadanos responsables en la sociedad. Por eso es que la Biblia es el mejor manual de disciplina para criar niños.

La vara y la corrección dan sabiduría; Mas el muchacho consentido avergonzará a su madre. Proverbios 29:15

Castiga a tu hijo en tanto que hay esperanza; Mas no se apresure tu alma para destruirlo. Proverbios 19:18

Corrige a tu hijo, y te dará descanso, Y dará alegría a tu alma. Proverbios 29: 17

El hijo necio es pesadumbre de su padre, Y amargura a la que lo dio a luz. Proverbios 17:25

Minerva Rosario

Atrévete a Expresar Amor

Mujer, tampoco te dé temor de sentir y expresar amor. Recuerda que tú eres el amor y la misericordia de Dios porque tú tienes la esencia del amor de Dios; y no hay amor más grande que el amor de Dios.

Porque de tal manera amó Dios al mundo, que ha dado a su Hijo unigénito, para que todo aquel que en él cree, no se pierda, mas tenga vida eterna. Juan 3:16

¡*Tu Corazón debe estar Lleno del Amor De Dios!*

Pablo nos dijo: *"Porque el amor de Dios ha sido derramado en nuestros corazones por el Espíritu Santo que nos fue dado.* **Romanos 5:5**

Mujer, ama tus hijos aunque sean difíciles y exprésales tu amor porque Dios nos dio el ejemplo amando a los pecadores. *"Mas Dios muestra su amor para con nosotros, en que siendo aún pecadores, Cristo murió por nosotros* (Romanos 5:8). Que tu relación con tus hijos esté dominada siempre por el amor. *"Todas vuestras cosas sean hechas con amor."* 1 Corintios 16:14

LA BENDICIÓN DE SER MADRE

El amor es el primer fruto del Espiritu y contra él no hay ley. Aunque el amor no es fácil es la fuerza motriz del Universo porque Dios es amor. Pablo lo expresa muy elegantemente: *"El amor es sufrido, es benigno; el amor no tiene envidia, el amor no es jactancioso, no se envanece; no hace nada indebido, no busca lo suyo, no se irrita, no guarda rencor; no se goza de la injusticia, mas se goza de la verdad. Todo lo sufre, todo lo cree, todo lo espera, todo lo soporta. El amor nunca deja de ser; pero las profecías se acabarán, y cesarán las lenguas, y la ciencia acabará."* 1 Corintios 13:4-8

Mujer, no te canses de orar por tus hijos. Ora sin cesar en todo tiempo y en todo lugar y bendícelos con la bendición que Jehová dio a Moisés para bendecir a los hijos de Israel:

Jehová te bendiga, y te guarde; Jehová haga resplandecer su rostro sobre ti, y tenga de ti misericordia; Jehová alce sobre ti su rostro, y ponga en ti paz. Números 4:24-26

Mujer, Dios te hizo madre, pero tu función divina deber estar fundamentada en el amor y no en los deseos de la carne para que tu hijo pueda gozar de los derechos divinos de tener una madre y un padre.

Minerva Rosario

¡Dichosos los niños que tienen padres responsables y amantes y no son objetos de abandono, abusos sexuales, maltratos físicos, descuidos o adicciones!

Recuerda, Dios te hizo mujer y madre y tendrás que dar cuentas a tu Creador de cómo administraste esos talentos. Yo oro para que toda mujer vea con sus ojos espirituales la importancia y grandeza de su papel de madre. Me atrevo a afirmar que es en este papel de madre donde se fundamentan los cimientos de nuestra sociedad. Nadie puede influir en la vida de un niño como su madre.

Es este papel de la mujer lo que el diablo ha tratado de destruir con más ahínco. Por eso es que en este tiempo estamos encontrando el mayor número de embarazos indeseados, de abortos practicados, de niños abandonados, de niños asesinados y de niños infectados con enfermedades incurables.

Mujer, detente un minuto y descubre tu enemigo. En realidad nuestra pelea no es contra carne y sangre, sino contra huestes y potestades de las tinieblas que se oponen a todo lo bueno que Dios quiere hacer en la tierra. Párate en la brecha y hazle la pelea a satanás para salvar a tus hijos de este mundo corrupto que cada día se separa más de Dios. Tenemos

LA BENDICIÓN DE SER MADRE

que defender el regalo de amor que Dios nos dio, **"la maternidad"**.

El Fruto de Tu Vientre

Ya hemos expuesto ideas y pasajes Bíblicos sobre lo que yo entiendo que es la función de la mujer y esposa. Aunque hemos tocado algunos principios sobre la maternidad y el cuidado de los hijos, creo conveniente ahondar un poco más en esto.

En Génesis encontramos a Eva, la madre de todos los vivientes. Como ella no supo hacer uso de la sabiduría de Dios, fue engañada por la serpiente antigua. Aunque se suponía que era la ayuda idónea de Adán, fue la ayuda que lo empujó al pecado y a la destrucción. A ella se le hace una promesa de redención, la cual se realizaría por medio del fruto del vientre: *"Y pondré enemistad entre ti y la mujer, y entre tu simiente y la simiente suya; ésta te herirá en la cabeza, y tú le herirás en el calcañar".* Génesis 3:15

En esta escritura se habla específicamente acerca de la enemistad entre la serpiente y la mujer. Es por causa de la simiente de la mujer que el diablo siempre ha querido destruir el fruto del vientre de la mujer. Como el diablo no sabía cuándo Dios iba a cumplir la promesa de redención, desde el mismo Génesis comienza a atacar los niños que nacen. Vemos cómo trata de obstaculizar el nacimiento de cada uno de los patriarcas y su descendencia. Esto explica porqué muchas madres de hombres de destino, satanás las hizo estériles.

Por causa de esto, en aquellas ocasiones que satanás sospechaba que un libertador iba a nacer, mandaba a matar los niños. Lo hizo con Moisés, lo hizo con Cristo y lo está haciendo hoy en día por medio del aborto en demanda. Este es uno de los motivos que yo creo que se avecina una gran visitación de Dios a la iglesia y a la tierra.

Dios Busca una Descendencia Espiritual

¿No hizo él uno, habiendo en él abundancia de espíritu? ¿Y por qué uno? Porque buscaba una descendencia para Dios. Guardaos, pues, en vuestro espíritu, y no seáis desleales para con la mujer de vuestra juventud. Malaquías 2:15

Dios busca una descendencia espiritual y santa. Él hizo al hombre para tener comunión con él y para que levantara una descendencia santa para Dios.

LA BENDICIÓN DE SER MADRE

Cuando Dios hizo al hombre lo llenó de su Espíritu para que así se pudiera comunicar de Espíritu a espíritu. Por medio de la intervención satánica, el hombre muere a la vida espiritual y la comunión del Padre con el hombre es rota; y ya no se puede comunicar con el Creador porque su espíritu está muerto en delitos y pecados.

Vemos al hombre caer del lugar donde Dios lo había puesto. Al caer encuentra afinidad con el ángel caído, satanás. En ese momento, la serpiente y el hombre son afines, muertos en delitos y pecados. Se necesita a alguien que restablezca la comunión de Dios con el hombre. La solución de Dios es Cristo Jesús, fruto del vientre de una mujer, María.

Cuida el Fruto de tu Vientre

Así dice Jehová, tu Redentor, que te formó desde el vientre: Yo Jehová, que lo hago todo, que extiendo solo los cielos, que extiendo la tierra por mí mismo. Isaías 44:24

Concentrémonos por un momento en la frase **"Te formó desde el vientre".** Esto implica claramente que desde que el espermatozoide del hombre se encuentra con el ovulo de la mujer, Dios da la chispa de

Minerva Rosario

vida y se forma un ser humano en el vientre. Contrario a lo que argumentan los que favorecen el aborto, hay vida desde este primer encuentro en el vientre entre la semilla masculina y femenina. Por eso es que el aborto provocado es un crimen ante Dios y conlleva la paga de cualquier otro pecado.

Un principio muy importante es que Dios pone de su Espíritu en ese embrión y que ese espíritu está alerta. Por eso es que puedes ministrar al fruto de tu vientre, le puedes hablar, leer la Biblia y confesar las promesas de Dios sobre el futuro de esa criatura. Habla de la bondad de Dios y del propósito de su vida en Dios. Profetízale su futuro y háblale palabras de salud, bienestar, perfección e inteligencia porque fue Dios quien lo formó.

Estás hablando el propósito y verdad de la Palabra de Dios. No debes esperar a que la criatura nazca; sino que debes comenzar desde que tengas conocimiento del embarazo. Estás sembrando el conocimiento de que él es creado por Dios y que es hijo de Dios y que el espíritu de Dios está en él. Recuerda que el espíritu del bebé está receptivo para recibir de Dios. Esto es más importante que la preocupación de que sea niño o niña. El sexo del bebé

LA BENDICIÓN DE SER MADRE

no es lo más importante, sino que sea una criatura sana, fuerte, robusta y llena de vigor.

¿Cómo crees que la madre de Moisés pudo impactar la vida de su hijo? Ella conocía este principio siendo inspirada por el Espíritu Santo. Es mi opinión que ella habló la palabra al feto en el vientre y al bebé mientras fue pequeño. Yo creo que ella le habló a sus oídos después del alumbramiento, el propósito de Dios para él como libertador. Esta palabra fue tan dinámica en la vida de Moisés, que él pudo hacer la selección correcta a pesar del entrenamiento que tuvo de los egipcios. ¡Si cada madre les profetizara a sus hijos desde el vientre, tuviéramos una generación diferente de creyentes en nuestras iglesias!

Mi Testimonio Acerca de Mis Hijos

Personalmente puedo testificar del poder sanador y libertador de Dios para mis hijos. Poco después de casarme descubrí la desagradable sorpresa de que mi útero no se había desarrollado lo suficiente como para poder completar un embarazo. Perdí mis primeras dos criaturas y los médicos no me daban esperanza de poder tener hijos. Cada vez que concebía aparecían todos los síntomas de un aborto y en estas

Minerva Rosario

dos ocasiones el enemigo logró terminar el embarazo antes de tiempo.

Es una verdad que el pueblo de Dios sufre un sinnúmero de crisis porque no conocen las promesas del Pacto. Aunque yo era salva, desconocía la promesa de que **No habrá mujer estéril, ni que aborte.** Por tercera vez concebí y todo se comenzó a desarrollar como en las dos veces anteriores. La doctora me internó en el hospital para terminar el embarazo y después de orar, mi esposo y yo le pedimos a Dios un milagro en mi cuerpo. La hemorragia cesó, me enviaron a la casa con instrucciones muy estrictas para tratar de salvar el embarazo.

Dios había hecho el milagro, pensábamos, pero la lucha por esta alma que llevaba dentro de mí no había terminado. Continuaron las hemorragias por algún tiempo. Se me había dicho que una hemorragia más sería la causa para una criatura anormal, un bebé vegetal, posiblemente con partes del cuerpo con un desarrollo incompleto. Tuve más de cinco hemorragias y en cada una de ellas confesábamos y hablábamos a la criatura; le ordenábamos que sería una criatura normal en el nombre de Jesús.

LA BENDICIÓN DE SER MADRE

Le hablamos a mi cuerpo que se pusiera en armonía con las promesas de Dios para la criatura que estaba siendo formada en mi vientre. Un día, mientras un joven evangelista nos visitaba, comencé a sentir los mismos síntomas de aborto; de repente él se levantó de su asiento como un resorte y oró quebrantando toda maldición ancestral. Efectivamente ocurrió el milagro del nacimiento de una niña, Joann quien pesó 8 libras con ocho onzas. Hoy gracias a Dios, Joann es una mujer hermosa, dinámica y saludable a quien Dios usa profundamente en la predicación y el cántico.

Mis Hijos Son Producto de la Fe

Cada uno de mis embarazos fueron peleados en fe; cada uno de mis hijos que ha nacido sabe que son el resultado de la oración y que sus vidas tienen un propósito especial para el Reino de Dios. Nisaac, mi segundo hijo fue arrebatado de las garras de la muerte. A los tres meses de nacido gritó **"No, No, No"** cuando su padre luchaba en oración por él para ser sano de un demonio de pulmonía. Luego no pudo hablar hasta los dos años y medio de edad.

Joel, mi tercer hijo nació casi muerto, el cordón umbilical lo había ahorcado en el momento del

Minerva Rosario

alumbramiento y no lloró al nacer. Me acordé de un sueño que el Señor me había dado meses atrás, de que el niño había nacido muerto. Inmediatamente reprendí al espíritu de muerte y el niño después de quince minutos o más lloró, y ha sido un niño totalmente normal y sano hasta el día de hoy.

Melody, la pequeñita de la familia Rosario, nació con una condición en la que todo lo que tomaba la ahogaba, unas cuantas veces fue revivida con respiración artificial, pero un día fue catastrófico, vi cómo mi hija se moría en mis manos y no podía hacer nada; oraba, reprendía, etc., y no regresaba. Uno de los niños, Joel, buscó a su papá y ambos pudimos reprender el espíritu de muerte que se había apoderado de Melody.

Milagrosamente su papá la agarró en sus brazos y ordenó que el Espíritu de Melody regresara a su cuerpo y después de treinta minutos Melody volvió a la vida; y gracias a Dios nunca más satanás la ha vuelto a perturbar. Todos mis hijos hoy son jóvenes sanos que aman al Señor y saben que sus vidas fueron peleadas y Cristo venció sobre la muerte.

¿Te das cuenta hermana, cómo satanás combate con las mujeres de Dios para que no traigan a este

LA BENDICIÓN DE SER MADRE

mundo una simiente sana? ¡Qué importante es entonces que cada mujer tenga una revelación de que hay que cuidar a los niños aún desde el vientre! Y seguirlos cuidando y protegiendo por medio de la oración y el ejemplo para que el propósito de Dios se cumpla en ellos.

Descubriendo Mi Primer Ministerio

Muchas veces nosotras las mujeres sentimos que no estamos haciendo para Dios algo importante o espiritual. Si leemos la historia de mujeres que fueron grandemente usadas por Dios, tenemos la tendencia a creer que el ser madre y esposa nos sitúa en un lugar inferior a ellas. Un día descubrí que mi primer lugar no es en el púlpito o estar yendo de nación en nación dando conferencias para mujeres. Confieso que siento gran satisfacción haciendo estas cosas y no menosprecio su importancia.

El primer ministerio de toda mujer casada es ser la esposa fiel y sumisa que habla Pedro, y la mujer virtuosa que habla Salomón. He visto cómo tantas mujeres de pastores y mujeres que son pastoras, han sido la causa de la destrucción espiritual de sus hijos. Los hijos no son tan afectados con la ausencia del

Minerva Rosario

hogar del padre, pero sí lo son con la ausencia de la madre. Hay algo sobre el lugar de la madre que nunca puede ser substituido por la figura de un hombre.

Gracias a Dios que mi esposo entendió muy bien esto, y aunque yo no lo entendía al principio, él me hizo consciente que mi primer ministerio era en mi hogar. Yo sé que por este acto de obediencia estoy formando futuros ministros para el Reino de Dios y futuras mujeres que van a ser el complemento de los hombres de Dios que llegarán a sus vidas. ¡Quién sabe si estoy criando el próximo Moisés o el próximo Elías, quienes van a impactar el mundo con las obras poderosas de Dios!

Mujer, no te quejes porque aparentemente no estás al frente con un ministerio espectacular, sino que te quedas atrás levantándole la próxima generación a Dios. Sé una madre alegre y una esposa sumisa y cosecharás grandes bendiciones en los años por venir. Recuerda que estás cuidando la herencia de Dios, y Él siempre le paga bien a aquellos que son fieles administradores de sus bienes.

Capítulo 5. LA MUJER VIRTUOSA

Cada enseñanza que Dios considera vital para el crecimiento de tu vida espiritual se encuentra en Su Palabra. En muchas ocasiones el Espíritu Santo no sólo inspira un texto aislado para tratar un área, sino que dedica capítulos enteros a un tema.

Uno de los ejemplos más claros sobre la mujer virtuosa lo encontramos en (Proverbios 31). Este capítulo es clásico entre los cristianos. Es el modelo perfecto a seguir por cualquier mujer que se quiera llamar virtuosa.

Sería maravilloso que un hombre o mujer ungida nos pusiera las manos y de repente nos convirtiéramos en la mujer virtuosa. No quiero ser sarcástica, pero muchas de nosotras creíamos que era así. La vida cristiana no es una fórmula matemática ni una forma mecánica de hacer las cosas, sino que es una determinación de corazón que nos lleva a estar dispuestos a cambiar. La mujer que quiera ser virtuosa

Minerva Rosario

deberá estar dedicada a: **Reconocer sus errores. Aprender a modificarlos por medio de la Palabra. Mantenerse en esta decisión firme de cambiar; y a empezar de nuevo y perseverar, si es que falla en los primeros intentos.**

Buscando la Mujer Virtuosa

Mujer virtuosa, ¿quién la hallará? Porque su estima sobrepasa largamente a la de las piedras preciosas. El corazón de su marido está en ella confiado, Y no carecerá de ganancias. Le da ella bien y no mal Todos los días de su vida. Busca lana y lino, Y con voluntad trabaja con sus manos. Proverbios 31:10-13.

Es importante saber que podemos aprender a ser virtuosas. ¿Qué es virtud? Es un hábito y una disposición del alma para obrar en conformidad con la ley moral. Otras palabras que se relacionan con virtud son: prudencia, justicia, fortaleza y templanza.

Parece ser que el escritor de Proverbios era un hombre de mucha experiencia con mujeres, ya que Salomón tuvo un sin número de esposas y concubinas. Él hace la pregunta: ¿Quién hallara la mujer con la

LA MUJER VIRTUOSA

actitud correcta, dispuesta a cambiar y dispuesta a ajustarse a la forma de ser de su marido?

Actualmente los jóvenes en las iglesias se dan cuenta que es muy difícil encontrar mujeres virtuosas. Hay espíritus de rebelión en contra de la figura masculina. En los últimos 30 años, hemos observado cómo el diablo ha ido devaluando la imagen masculina y exaltado las habilidades femeninas. Esto ha creado un desbalance en la sociedad.

Muchas jóvenes en las iglesias oran y añoran al hombre ideal y espiritual; pero cuando se casan, ellas mismas con sus actitudes (aprendidas del mundo) lo destrozan. Si buscas ese príncipe azul, ¿qué virtudes tienes en tu vida, para poder ofrecerle a tu amado príncipe? Otras se quejan porque nadie se fija en ellas. Te aconsejo que busques de Dios y que Dios sea tu aroma y modifiques tu comportamiento; y sobre todo que refrenes tu lengua.

He visto hermanas en los ministerios, esposas de ministros que chocan con todos los hermanos. No refrenan sus lenguas, son insultivas y esto trae vergüenza al evangelio. Es por esto, que siempre debemos estar dispuestas al cambio. Siempre habrá

Minerva Rosario

áreas en nuestra vida que necesitarán ser reajustadas de tiempo en tiempo.

El esposo no se tiene que preocupar por hacer negocios fraudulentos para traer más dinero a su hogar, por las exigencias de su esposa. Sino que trabaja confiadamente y su esposa hace que su sueldo sea usado con sabiduría y conocimiento.

En momentos difíciles este hombre sabe que ella lo va a respaldar. Va a orar por él, lo va a estimular con una palabra sabia inspirada en las Escrituras. Ella no es como un yo-yo, que un día está arriba y otro día está abajo.

Una mujer virtuosa no es vaga, imprudente. Es creativa y trabajadora aun con lo poco que puede tener. *"Busca lana y lino, con voluntad trabaja con sus manos. Es como nave de mercader; Trae su pan de lejos. Se levanta aun de noche Y da comida a su familia Y ración a sus criadas.* Proverbios 31:13-15

Muchas veces vemos esposos trabajadores que salen de madrugada a ganar el pan y el sostén de su familia. Por bendición de Dios sus esposas no trabajan en lo secular, pues él suple todo. ¿Qué hacen ellas para cooperar con sus maridos? Algunas no se levantan,

LA MUJER VIRTUOSA

sino hasta después del mediodía, no limpian la casa, no bañan a los niños y no cuidan de su hogar. Otras se la pasan regalando todas las cosas de su hogar, para que sus esposos le compren cosas nuevas todo el tiempo.

¡Qué problema cuando llega el esposo y no hay comida hecha! Y entonces quieren irse a la reunión de damas sin que su esposo proteste. Luego se quejan de que sus maridos no las comprenden y no las dejan servir al Señor con libertad. Esta no es la mujer que describe Proverbios 31.

Cuida al Esposo y a sus Hijos

La mujer que el autor pinta aquí es la mujer que ama y atiende su hogar y se preocupa por el bienestar de su esposo y sus hijos. Es una mujer emprendedora que multiplica la bendición que Dios pone en sus manos. Cuidadosamente busca el bienestar de la familia y mira que sus hijos y esposo no carezcan de nada.

¡Qué deleite es salir del hogar con sus hijos y con el esposo impecablemente limpio y arreglado! Una mujer sabia se interesa en aprender a arreglar y a coser la ropa de los niños. Toma cuidado de que sus hijos tengan la ropa adecuada para la ocasión. Conoce

Minerva Rosario

de textiles; sabe qué tela es apropiada y duradera. No se deja llevar por la modalidad, sino por la calidad.

Lamentablemente muchos interpretan que porque no tienen las finanzas que ésta otra familia tiene, ellos no pueden lucir tan bien como los otros. Es fácil adoptar una postura de dejadez y no trabajar con los pocos recursos que se tienen.

Otras mujeres razonan de la siguiente forma: "Todo el mundo sabe que mi esposo no gana mucho dinero y casi no tenemos nada; ¿por qué voy a arreglarme? Me pongo esto o aquello aunque no se vea bien. De todas formas mi marido me tiene que querer como sea, porque él es un hombre de Dios". Otras lo que quieren es que la gente les coja lástima y que le estén obsequiando todo el tiempo. Por eso no cuidan lo que tienen.

No importa el nivel social en el cual tú te encuentres, con la ayuda de Dios y la creatividad del Espíritu Santo puedes lucir bien, limpia, planchada y bien presentable. La mujer sabia sabe cómo usar sus recursos aunque estos sean escasos. Una prenda poco costosa con una buena actitud del corazón hace milagros en la apariencia.

LA MUJER VIRTUOSA

Busca el Bienestar del Hogar

La mujer virtuosa no sólo piensa en ella, sino que piensa en su esposo. Si él no se sabe combinar o vestirse bien, lo puedes ayudar para que él luzca impecable. Con dulzura y sencillez le puedes enseñar y además estimular a tus hijos para que también lo hagan. No pienses que porque ellos son pequeños no tienen necesidad de vestirse bien. Recuerda que lo que siembres en ellos mientras sean pequeños, es lo que vas a cosechar cuando sean adultos.

Un error común en algunas amas de casas es que sólo se interesan por verse elegantes. Pero cuando llegas a su hogar parece un campo de guerra que fue dinamitado. ¡Qué feo se siente cuando uno entra a un lugar con semejante desastre! Recuerda que no sólo testificas con tu apariencia física, sino con el aspecto de tu hogar.

No necesitas los mejores muebles, sino que los que tienes cuídales para que así siempre luzcan bien. He conocido hermanos de escasos recursos que tienen que cambiar los muebles todos los años, pues las madres dejan a sus hijos comer, brincar y jugar en ellos. Enseña a tus niños a cuidar y a valorar todo lo que Dios provee porque somos mayordomos de la bendición de Dios.

No debe haber juguetes tirados en la sala, migajas de pan o comida en los muebles o el olor de pañales sucios que se desbordan del cesto. La estufa no debe estar llena de grasa y desperdicios, el fregadero no se debe estar desbordando de trastos sin lavar por dos o tres días. Tu esposo no necesita esto al llegar de su trabajo y menos que llegue con un compañero y encuentre este desastre donde se supone que sea su palacio.

La Mujer Virtuosa es una mujer Flexible

La mujer de proverbios sabe trabajar con sus manos. No sólo busca el bienestar de su familia inmediata, sino que sabe honrar a los que les sirven. Aún si en la noche se tiene que levantar para atender a sus hijos y criados, lo hace con gusto y regocijo. Cuántas veces a la 1 o 2 de la mañana estamos cocinando y atendiendo algún invitado de honor que nos ha ministrado en la iglesia. La mujer virtuosa es flexible y se ajusta a cualquier situación que lo amerite.

Por eso no busca lo suyo propio, sino que busca el bienestar de su hogar, de su esposo y de sus hijos.

LA MUJER VIRTUOSA

No se incomoda por lo lejos que tenga que ir para adquirir los ingredientes para prepararle un buen manjar a su esposo y a sus hijos. Sabe balancear las comidas para que su familia sea sana, robusta y bien alimentada. Nadie que esté mal nutrido podrá tener vigor y vitalidad para servir a Dios o para trabajar. Mala nutrición es una puerta abierta a las enfermedades. Una combinación del poder de Dios y una buena dieta harán milagros en ti.

Asume su Responsabilidad Espiritual

Incluso se levanta en la madrugada a buscar el rostro del Señor, a cubrir a su esposo e hijos con oración de cuidado y protección. Ora hasta por las personas que trabajan para ella. Podemos aplicar la expresión de "dar comida" no sólo en el sentido físico, sino también en lo espiritual. Distribuye las tareas a sus empleados. Ella ministra la Palabra a sus hijos y a sus criados. Les enseña a orar y a interceder por el bienestar del hogar.

No pienses que la responsabilidad espiritual es sólo de tu esposo. Dios te ha llamado a ministrar a tus hijos y a las personas que viven bajo tu techo. Enséñalos a pararse en la brecha. Dios te puso como ayuda idónea para que intercedas por los tuyos. Pide sabiduría para que sepas cómo educar a tus hijos, cómo dirigir tu hogar hacia la excelencia. Cédete al Espíritu Santo para que seas más efectiva en las decisiones diarias.

Mujer Emprendedora Será Próspera.

Considera la heredad, y la compra, Y planta viña del fruto de sus manos. Ciñe de fuerza sus lomos, Y esfuerza sus brazos. Ve que van bien sus negocios; Su lámpara no se apaga de noche. Proverbios 31:16-18

Hay otro aspecto importante en la vida de la mujer virtuosa. Es la mujer que sale de su hogar a trabajar porque ama su profesión o por necesidad en el hogar. Esta es la mujer de negocio, la que considera una buena oportunidad para hacer un buen negocio que aumentará las finanzas del hogar. Esta mujer no le tiene miedo a ningún tipo de tarea, ella emplea sus manos en todo tipo de trabajo. Claro, en el tiempo de la Biblia se habla de plantar viñas, pero en estos días se refiere a todo tipo de trabajo.

No se da por vencida fácilmente, sino que ciñe sus lomos para enfrentarse a cualquier proyecto. Es

LA MUJER VIRTUOSA

fuerte al trabajo, no importa cual difícil sea. No tiene temor en emprender en algo que nunca antes había hecho. Ella busca la dirección del Señor en todas sus decisiones. Se expande en sus negocios dirigida por el Espíritu Santo; pero no hace decisiones sin consultar con su esposo. Como es una mujer sabia no se envuelve más allá de sus fuerzas para poder atender su hogar.

Balanceado Tus Responsabilidades

El hecho de que tú trabajes en lo secular no te exime de tu responsabilidad doméstica. De ser así, debes ponerte de acuerdo con tu esposo para que la familia no sufra. He visto hogares en que ella trabaja durante el día y su esposo trabaja en la noche. De esta forma ambos crían a los hijos y no tienen necesidad de pagar por el cuidado de los hijos. De esta forma los niños son supervisados constantemente por los padres. No es que yo recomiende ésta y otra forma, pero creo que es una decisión personal y cada situación necesita evaluarse de acuerdo a sus méritos.

Lo esencial del asunto es que tú no abandones tus responsabilidades con Dios y con tu hogar. Si buscas a Dios, él te va dirigir y te va a dar la fortaleza que necesitas para que corras la carrera con éxito y no termines siendo destruida por los tentáculos del materialismo y el demonio que persigue la desintegración familiar.

La fortaleza que necesitarás para emprender las funciones de esposa, madre y ejecutiva no provienen de un recurso natural humano. Esta fortaleza viene de Dios. Mujer, puedes contar con la ayuda de Dios **"Porque Dios es el que en vosotros produce así el querer como el hacer, por su buena voluntad."** Filipenses 2:13

Si tienes comunión con Dios y el Espíritu Santo, él ceñirá tus lomos con vitalidad que no viene de tu cuerpo físico, sino del Cristo resucitado que habita dentro de ti. Recuerda que El es la fuente de tu fortaleza espiritual, mental y física. Tus manos no se caerán porque es Dios quien te sostiene.

En el verso **"Ve que van bien sus negocios; Su lámpara no se apaga de noche"** vemos una mujer que no sólo trabaja, sino que supervisa que todos sus negocios vayan bien y que produzcan conforme a lo que se ha invertido. ¿Qué significa que su lámpara no se apaga de noche? Ella ha logrado una comunión genuina con Dios y el Espíritu Santo, de forma que aún

LA MUJER VIRTUOSA

en la noche su espíritu está vigilante, alerta y presto para poner vallado de protección sobre su esposo, sus hijos y demás familiares.

Una mujer sabia puede discernir los ataques del enemigo antes de que acontezcan; ata y paraliza los problemas, accidentes, temor y engaños del diablo con el poder del Espíritu Santo. No des lugar al diablo con el temor, la duda, la desconfianza, el pecado y el orgullo. Antes de que lleguen a tu puerta bombardéalos con oración.

Cada vez que el diablo te envíe un dardo, podrás echarlo fuera inmediatamente. *"Por lo demás, hermanos míos, fortaleceos en el Señor, y en el poder de su fuerza".* Efesios 6:10

Una Mujer con Destreza

Aplica su mano al huso, Y sus manos a la rueca. Alarga su mano al pobre, Y extiende sus manos al menesteroso. Proverbios 31:19-20

Ella trata de adquirir nuevas destrezas para ayudar a su familia. Este caso en particular, habla que la mujer aprende a hilar o tiene conocimiento de textiles (arte de hacer telas). Podemos aplicar esto a la mujer que aprende a estirar el dinero; lee sobre

Minerva Rosario

decoración, arte culinaria, costura, etc., para que su hogar e hijos luzcan bien.

La mujer virtuosa no es egoísta, sabe bendecir a otras personas. Un ejemplo es cuando enseñamos a nuestros hijos a cuidar la ropa y cuando ellos crecen y la dejan, se les puede dar a otros niños porque esa ropa está en buenas condiciones. Además, ella conoce el verdadero significado de prosperidad, que no es malbaratar las finanzas del hogar.

Ella está consciente, que si es cuidadosa de todo lo que Dios le da, el Señor añadirá cada vez más y su hogar será de inspiración a otros. Aprende el arte de buscar el Reino de Dios en primer lugar y todas las demás cosas te serán añadidas. Él te va a dirigir a las ventas económicas y que suplas tu necesidad y gasto.

No tiene temor de la nieve por su familia, Porque toda su familia está vestida de ropas dobles. 22 Ella se hace tapices; De lino fino y púrpura es su vestido. Proverbios 31:21-22

Las personas que viven en lugares fríos saben la importancia de tener ropa apropiada para el invierno. En el invierno, necesitamos abrigo y ropa adecuada. De no ser así nuestros hijos van a sufrir, aún pueden

LA MUJER VIRTUOSA

morir por una enfermedad o congelados. Cada mujer debe ser sensitiva a la necesidad de su familia y proveer el atuendo necesario para sus hijos. Ella no espera que el frío ataque, sino que ella se prepara de antemano y hace una inversión sabia antes que la temporada de invierno llegue.

La Mujer que Honra a su Marido

Su marido es conocido en las puertas, Cuando se sienta con los ancianos de la tierra. Proverbios 31:23

Las puertas eran el lugar donde los ancianos se sentaban muchas veces a legislar. Un ejemplo de esto lo encontramos en el libro de Ruth. Cuando Booz fue a rescatar a Ruth para que ella fuera su esposa, fue a la puerta con los ancianos para legalizar su situación.

La gente sabrá el tipo de esposa que tiene este caballero. Es un hombre intachable en lo espiritual y en lo físico, será conocido porque ella, su amada esposa se ha convertido en lo que tenía que convertirse. En una madre y esposa que vela por el bien de su familia. Ella ha intercedido por la relación familiar, ha estimulado y guardado a su esposo, se ha sometido y le ha dado el lugar a su esposo como proveedor y sacerdote del hogar. Ha aprendido a ser una mujer sabia en Dios. Como resultado, experimentará el gozo del éxito familiar y la admiración de su esposo y sus amigos.

Se levantan sus hijos y la llaman bienaventurada; Y su marido también la alaba. Proverbios 31:28

Este verso está en la misma línea que el 23. No sólo el esposo es conocido en las puertas por las acciones castas y justas de ella, sino que sus hijos y su esposo la admiran; la respetan, la ven como una mujer de Dios, la llaman bienaventurada y es alabada por todos. En su hogar y fuera de él es respetada y conocida.

Fuerza y honor son sus vestiduras; no sólo se viste en lo exterior con púrpura y lino, sino que se viste en su interior. Su vigor es de Dios y su honor es su victoria. Es una mujer que sabe que no es perfecta, pero sí tiene la actitud de excelencia en Dios.

No tiene temor por sus hijos, sabe que los ha enseñado bien y que son hijos de propósito y honor. Sabe que su hogar está cimentado en Cristo y Él es el

LA MUJER VIRTUOSA

Rey y Señor de sus vidas. Eso es la fuente del gozo de toda mujer.

Abre su Boca con Sabiduría

Abre su boca con sabiduría, Y la ley de clemencia está en su lengua. 27 Considera los caminos de su casa, Y no come el pan de balde. Proverbios 31:26-27

Las Santas Escrituras tienen un mensaje muy acertado para la mujer que quiere ser esa mujer virtuosa de Proverbios. *"La mujer sabia edifica su casa; Mas la necia con sus manos la derriba".* Proverbios 14:1

Muchas veces hablamos cosas que no debemos hablar, especialmente cuando nos enfadamos. Recordemos las palabras de Salomón: *"La muerte y la vida están en poder de la lengua"* (Proverbios 18:21) y las Palabras de David: *"Guarda tu lengua del mal, y tus labios de hablar engaño"* (Salmos 34:13).

La mujer sabia le sabe hablar a su esposo e hijos porque habla conforme a la Palabra de Dios. No es escarnecedora, ni exagerada; selecciona su vocabulario, aplica el conocimiento que tiene y controla los pensamientos y lo que habla. Es clemente

Minerva Rosario

y no se apresura a juzgar sin conocer todos los detalles. Escucha atentamente las razones de su esposo e hijos.

En mi interpretación al decir, *"considera los caminos de su casa"*, implica que ama su hogar y prefiere estar en su casa antes que en la casa de la amiga vecina. Sale de su trabajo y va a su casa, no al restaurante con sus amigas. Su deleite es llegar a su hogar para estar con su esposo e hijos. No es una mujer de la calle, es hogareña, ha gustado el fruto de su hogar.

Muchas mujeres están en este proceso de aprendizaje y de amor a su hogar. Muchos grupos de mujeres cristianas se han levantado para enseñar, corregir y ayudar a la mujer moderna. Queremos establecer la Palabra de Dios como centro de aprendizaje y dedicación. Sólo cuando hagamos esto comenzaremos a ver resultados eternos en los hogares y aún en las jóvenes que contraen matrimonio.

Hay muchas mujeres que han hecho el bien, pero queremos que nuestras hijas nos sobrepasen a nosotras. La hermosura y la gracia física son engañosas, pues, se van; no son para siempre, pero la actitud Bíblica y correcta del corazón es lo más

LA MUJER VIRTUOSA

importante. El temor al Señor te dará el hogar de paz que tanto necesitas y añoras.

¿Serás Alabada en las Puertas?

Capítulo 6. ¿ERES CORONA O ERES CARCOMA?

La mujer virtuosa es corona de su marido, mas la mala como carcoma en sus huesos. **Proverbios 12:4**

Tú eres la amada esposa que coronas a tu esposo de acuerdo a Proverbios 12:4. El diccionario "Strongs" de la Biblia, enseña que la raíz primaria de la palabra **"corona"** se refiere a encerrar en un círculo. Cuando es atacado, este círculo provee protección. Además implica que la corona imparte esplendor, honor, da el toque final de una conclusión de éxito.

La corona también significa culminación o el punto más elevado, o más alto. Cuando la Biblia hace mención de que la mujer es corona, implica que ella va a convertirse en una fuente de gozo y placer para su marido. Es una mujer que sabe enfrentarse a la circunstancias de la vida con una actitud de vencedora. Esta mujer es virtuosa, trae esplendor y honra a su marido, y por ella su marido tiene buen testimonio en la sociedad. Este hombre estará seguro porque sabe que su esposa es capaz de ayudarlo en cualquier momento o circunstancia adversa. Su esposa no es de las que retrocede despavorida, es fuerte y valiente. Él está confiado y se siente como el rey de su casa.

Tú, hermana, te conviertes en una fuente de inspiración para que él luche, se supere y aún cambie actitudes negativas sobre su propia persona. Él será altamente motivado para buscar a Dios en espíritu y en verdad. Este tiene confianza que si Dios le habla respecto a su llamado o situación, tú estás dispuesta a seguirlo, a adaptarte a él y a rodearlo de cuidado, atención y ayuda. De esta forma, te convertirás en la esposa y amiga deseada que posee lo que él desea y necesita en el momento determinado.

¡Cuídate de la Serpiente!

Vemos cómo el enemigo, satanás, la serpiente antigua engaño a Eva haciéndola caer del lugar especial e importante el cual ella ocupaba. La situación no ha cambiado; el mismo diablo y sus demonios se encargan de robarte a ti la bendición de ser mujer, esposa y amante, trayendo mentiras y engaños, y haciéndote sentir inferior al hombre. He observado cómo muchas

¡ERES CORONA O ERES CARCOMA?

mujeres no quieren ocupar su papel de mujer y se rebelan contra la función que les fue dada por Dios.

¡Anímate hermana! y pégale una patada al diablo y échalo de tu vida, de tu hogar y de tu matrimonio. Eres especial, Dios te creó así. La naturaleza física de la mujer te indica lo que eres. Siéntete orgullosa de que el Creador te seleccionó para desempeñar un papel de excelencia como mujer de Dios y corona de tu amado esposo.

La segunda parte de Proverbios 12:4 habla de lo opuesto a lo que dice en la primera parte del verso. Esta mujer no es en nada virtuosa como la otra. Es una mujer mala porque se convierte en carcoma en los huesos de su esposo. Es una mujer que trae vergüenza a su esposo. En mi opinión personal, entiendo que la carcoma hace orificios en la madera, pero en este caso en particular se refiere a los huesos e implica que destruye la postura vertical de su esposo. Una mujer con esta actitud destruye la virilidad y la dignidad de su marido.

Si lo Destruyes, Después no te Sirve

La mujer carcoma debilita, no sólo lo físico del hombre, sino su valor interno de hombre de destino y

Minerva Rosario

de propósito. Dios creó al hombre para que dirigiera la creación, pero si éste no se puede mantener en pie, esto no será posible. Este tipo de mujer convierte a su esposo en el hazme reír de todo el mundo; ya que ella no sabe honrar a su esposo y él es como una gelatina sin espina dorsal. Este tipo de mujer destruye la confianza de su esposo, y él no puede ejercer su llamado como cobertura, guía y protección de su hogar.

Lamento decirte esto, pero muchos programas de televisión, muchas revistas, y cierta música secular se han infiltrado en los hogares y han ido lavándoles el cerebro a los niños y jóvenes para que los patrones bíblicos sean invertidos. Ahora en los últimos años de ésta década, la mujer se proyecta como capaz, eficiente, la que estudia y se prepara académicamente. El hombre por el contrario es el "bobolón" a quien todo le sale mal, que no puede encontrar empleo y se queda en el hogar con los hijos. Esta es una realidad en la cultura norteamericana, la cual está afectando a todo el mundo.

No es que tenga prejuicios en cuanto a que la mujer se supere y adquiera un grado universitario, pero cada cosa en su lugar. Los estudios y el empleo de la mujer fuera de su hogar, nunca deben ser la ocasión

¡ERES CORONA O ERES CARCOMA?

para la sublevación y establecer una superioridad femenina, sino para el complemento de su esposo.

Unas Palabras a Mis Compañeras

No puedo concluir la escritura de este libro sin dirigirme directamente a aquellas mujeres que se encuentran en la misma posición en que yo estoy.

Soy la esposa de un ministro con la gran responsabilidad de pastorear una creciente iglesia en la Ciudad de Panamá, Panama a la misma vez que supervisa un ministerio internacional de más de 500 iglesias en diferentes países del mundo. Estoy consciente de la gran responsabilidad que tengo de ser una ayuda idónea para mi marido.

Muy temprano en nuestro ministerio tuve que hacer una decisión, si iba a ser una piedra de tropiezo o una piedra de fundamento para la visión que Dios le dio a mi marido para el mundo. Aunque al principio no entendía muy bien la visión de mi esposo, descubrí un día que nada sacaría con oponerme al mismo. Me di cuenta que si me unía a su visión, el trabajo sería hecho más rápido y así aseguraría la felicidad de mi hogar, la protección de mi marido y la bendición de Dios sobre mi vida y la de mis hijos.

Minerva Rosario

He observado cómo tantas mujeres truncan el ministerio de sus esposos por no ser sabias. Realmente yo no quiero estar en esa posición. Yo quiero ser una corona en la cabeza de mi esposo. En otras palabras, con mis acciones y actitudes yo puedo coronar a mi esposo de respeto y honor ante mis hijos y ante la iglesia a la cual él ministra y ante la sociedad.

Haz Brillar a tu Esposo

He descubierto que si yo lo hago brillar a él, yo también voy a brillar con él. Yo no quiero ser el rey, pero sí quiero hacerlo a él rey. Si mi esposo es honrado, yo seré honrada; si mi esposo es prosperado yo seré prosperada. No creas que soy tonta por servir y someterme a mi marido. Él es el rey, pero yo soy una corona.

He observado muchas esposas de ministros que en vez de ser corona son carcoma. No cumplen con su responsabilidad como esposas y menos con su responsabilidad de esposa de pastor en la iglesia. Nunca tienen nada positivo que decir de sus esposos y menos de los miembros de la iglesia. Algunas viven en una constante queja, diciendo que su esposo no las reconoce, pero ¿quién va a reconocer una carcoma que

¡ERES CORONA O ERES CARCOMA?

en vez de edificar lo que hace es destruir el edificio? ¡Es trágico observar cómo la actitud egoísta y terca de muchas mujeres ha contribuido a destruir el edifico que su esposo estaba construyendo!

Mi hermana y amiga, ya que estás en esta posición; ¿por qué no cambias de actitud y empiezas a disfrutar la posición que Dios te ha dado para ser la corona de tu marido? Escoge hoy si vas a ser la "mujer virtuosa" o la "mujer carcoma". Por mi parte, no estoy interesada en ser una gran predicadora o una gran maestra, sino en ser el complemento y la ayuda de un hombre que está haciendo la voluntad de Dios. Nunca olvidaré que Dios me hizo mujer porque primero hizo un hombre.

Mujer de Dios, levántate en el nombre de Jesús y sé la mejor mujer para la gloria de Dios. Dios cuenta contigo porque para eso te hizo mujer. Mi mayor deseo es que el día que tenga que ver cara a cara a mi Creador pueda escuchar sus Palabras de recompensa eterna.

"Muchas mujeres hicieron el bien; mas tú sobrepasas a todas". **Proverbios 31:29**

Capítulo 7. ¡MUJER, CUIDA TU DESTINO!

Por Nahum Rosario

Y creó Dios al hombre a su imagen, a imagen de Dios lo creó; varón y hembra los creó. Génesis 1:27

El día en que creó Dios al hombre, a semejanza de Dios lo hizo. Varón y hembra los creó; y los bendijo, y llamó el nombre de ellos Adán, el día en que fueron creados. Génesis 5:1-2

Este capítulo es resultado de una petición de mi esposa Minerva, que me dijo que sería una gran idea, que yo le añadiera un capítulo final a su libro. Al principio le dije, que lo hiciera ella porque es su libro, y quien mejor que ella para hablarle a las mujeres. No sé si ella oró para que yo cambiara de opinión, pero al otro día mientras oraba por la mañana, percibí en mi espíritu que sí,

Minerva Rosario

debía escribir algo para las mujeres desde la perspectiva del esposo de la escritora de *¿Por Qúe Dios Te Hizo Mujer?*

Creo que si las mujeres cristianas oraran más y se quejaran menos conseguirían mas cosas de sus maridos. Bueno, Minerva consiguió el capítulo septimo para su libro y aquí vamos.

¿Ayuda Idónea o Sierva Idiota?

Me impresiona tanto el amor de Dios, que habiendo creado al hombre, notó que estaba solo y buscó una compañera para Él. Antes de esto Dios mismo se había dado cuenta que Él necesitaba alguien de su misma naturaleza, en quien pudiera compartir su amor, y por eso hizo al hombre a su imagen y semejanza. Ahora Dios ve al hombre con todo un jardín para disfrutarlo y un planeta para gobernarlo, y no tenia nadie que lo acompañara y lo ayudara.

Entendamos los hombres que al igual que Adán, Dios nos trae una mujer para que la amemos, y nos complemente como hombres. He descubierto que amor que no se da es amor que se estanca y amor que se muere. Dios hizo al hombre para compartir su amor con Él, e hizo la mujer para que Adán compartiera con

¡MUJER, CUIDA TU DESTINO!

ella el mismo amor que Dios había puesto en el hombre.

El gran problema que tienen muchos hombres, es pensar que la mujer es ayuda idónea que tiene que someterse a todos los caprichos y deseos de ellos sin tomar en cuenta la opinión de la mujer. Parece que se les olvida, que Dios le dia una ayuda, no una sierva. Si Dios buscó ayuda para Adán, esto indica que Dios en su eterna sabiduría sabía que el hombre por sí solo no podría administrar todo ese nuevo mundo que Adán vio cuando abrió los ojos después que Jehová lo había creado del polvo de la tierra y haber puesto de Su Espíritu en Él.

Fue la idea de Dios hacer una mujer que fuera una ayuda idónea para el hombre, un complemento para el gobierno y dominio de la tierra. *Y dijo Jehová Dios: No es bueno que el hombre esté solo; le haré ayuda idónea* para él (Génesis 2:18). Veamos entonces a la mujer más que un objeto sexual o una amante sirviente que nos da el masaje en los pies cuando llegamos cansados del trabajo.

Minerva Rosario

La Mujer También es Bendecida.

Creo que Dios nos ama tanto a los hombres que nos dio una pareja que nos va a proteger, ayudar y rodearnos de amor, y de tiernos cuidados. Por eso la Biblia nos dice, que hallar esposa es una bendición. *"El que halla esposa halla el bien, y alcanza la benevolencia de Jehová".* Proverbios 18:22. Por experiencia lo puedo afirmar, que mientras la tenemos con nosotros en el hogar haciendo todas las tareas, que a veces ni las notamos, y en algunos casos ni las apreciamos. Solamente nos hace falta que nos dejen un mes solo, y la mayoría de los hombres se vuelven un ocho, al no saber ni freír un par de huevos.

Después que Dios creó al hombre y la mujer, los bendijo a ambos. Veamos el alcance de esa bendición. ***Y los bendijo Dios, y les dijo: "Fructificad y multiplicaos; llenad la tierra, y sojuzgadla, y señoread en los peces del mar, en las aves de los cielos, y en todas las bestias que se mueven sobre la tierra"*** (Génesis 1:28).

Eva no recibió una bendición de segunda mano de su esposo Adán. Cuando Dios bendijo a Adán también incluyó la bendición de su esposa Eva. Fue por

¡MUJER, CUIDA TU DESTINO!

medio de esta bendición que el mismo Dios los comisionó a ambos para fructificar, multiplicarse, llenar la tierra y ejercer autoridad sobre ella. Hermana querida, tú eres heredera de bendición y Pedro se lo recuerda a los hombres:

Vosotros, maridos, igualmente, vivid con ellas sabiamente, dando honor a la mujer como a vaso más frágil, y como a coherederas de la gracia de la vida, para que vuestras oraciones no tengan estorbo. 1 Pedro 3:7

Esto cotradice todo este sistema religioso que nos quiere hacer ver, que la mujer sólo puede ser usada por Dios si un hombre la bendice. Con esto, no estoy auspiciando un espíritu de insumisión, ni negando la cadena de autoridad que Jehová Dios ha establecido para el buen funcionamiento del hogar y la sociedad.

¿Por qué Satanás Tentó a la Mujer y no al Hombre?

Hay cosas que caen dentro de los misterios de Dios. Fue a Adán a quien se le dieron las instrucciones de labrar y cuidar el huerto. La Biblia no dice que Adán compartiera esta información con Eva, pero el sentido común nos debe dar a entender, que lo normal en una pareja normal, es que los matrimonios compartan las cosas, ideas, proyectos y sueños.

Dios había dicho, que podían comer de todos los árboles, pero había uno con un letrero divino: **¡No coma de este árbol, peligro!** Es evidente que Eva sabía esto por la respuesta que le dio a la Serpiente: *"Del fruto de los árboles del huerto podemos comer, pero del fruto del árbol que está en medio del huerto dijo Dios: No comeréis de él, ni le tocaréis, para que no muráis."* Génesis 3:2-3

Por alguna razón, Satanás sabía que la forma más fácil de llegar al hombre era por medio del alma gemela que Dios había hecho para su compañía, la mujer. Parece que nada ha cambiado desde el Huerto del Edén. Todavía hoy en día, la mujer puede ser un poderoso instrumento de Dios para motivar, ayudar y complementar al hombre, o una arma afilada de Satanás para sacar al hombre más santo de la voluntad, el propósito y destino divino. A la misma vez, los hombres no podemos seguir repitiendo la excusa de Adán para pecar: *"**la mujer que me diste** "*. Cada uno es responsable de sí.

¡MUJER, CUIDA TU DESTINO!

Las mujeres cristianas deben cuidarse del espíritu de curiosidad, y de buscar satisfacción fuera de la comunión con su Dios, y de su relación con su marido. ¿Qué hacía Eva mirando y acariciando un árbol que Jehová Dios había prohibido? Mujeres santas de Dios, siempre Satanás les va a sugerir a ustedes una idea supuestamente mejor que la Palabra De Dios: "*Es cierto que Dios dijo esto, pero esto se ve mejor, sabe mejor, y te hace ser más sabia*"(quisiera decir astuta, porque Satanás sólo puede darte astucia, pero no sabiduría.). Nunca permitas que Satanás te abra los ojos para ver lo que nunca Dios te dijo que era tuyo.

Creo que la mujer fue tentada tan fácilmente por la Serpiente porque no pudo discernir la astucia de la serpiente, no fue a consultar a su marido acerca de lo que la Serpiente le dijo. Hay otra posibilidad, que ella podía tener la excusa, "*Dios no me dio a mí el mandamiento, sino a mi esposo*". Hay un gran problema cuando la mujer no desarrolla su relación y comunión con Dios, y sólo depende de lo que su marido le puede enseñar. Recuerda mujer que tú también eres hija de Dios.

Minerva Rosario

El Apóstol Pablo nos dice algo que leyéndolo entre líneas nos puede arrojar mucha luz acerca de la tentación de Eva. Refiriéndose a los creyentes de hoy Pablo nos dice: *"Pero temo que como la serpiente con su astucia engañó a Eva, vuestros sentidos sean de alguna manera extraviados de la sincera fidelidad a Cristo."* (2 Corintios 11:3). Esto explica que los creyentes son engañados al dejarse extraviar de la sincera fidelidad a Cristo.

Entonces podemos deducir, que Eva también fue engañada por la misma razón, que sería que sus sentidos espirituales fueron extraviados de su sincera fidelidad a Dios. El engaño mayor fue prometerle algo a la mujer que ella ya tenía, que ella sería como Dios. Ya ella era como Dios porque había recibido de su esposo el ADN divino de Dios. Al fin de cuentas el plan de la serpiente fue quitarle la dignidad y realeza divina que Dios le había concedido.

Dos planes opuestos

Veamos los dos planes disponibles para la mujer y el hombre. El plan siniestro de Satanás era dejar solo a Adán, "o te unes a la rebelión de tu mujer o te quedas solo." Pero Dios tenía un plan más brillante

¡MUJER, CUIDA TU DESTINO!

para traer su simiente a la tierra, de usar el mismo instrumento que Satanás usó. Satanás usó a la mujer para dañar la simiente santa de Dios. Pero Dios usó a María, una mujer para traer a la tierra su simiente santa, el Señor JesuCristo.

Desde Génesis 3:15 empieza el conflicto de los siglos entre las dos simientes, la simiente de la mujer y la simiente de la serpiente. Dios dijo: *"Pondré enemistad entre ti y la mujer, y entre tu simiente y la simiente suya; ésta te herirá en la cabeza, y tú le herirás en el calcañar".* Esto explica toda la opresión histórica contra la mujer a través de los siglos. Mi esposa ya lo explicó en un capítulo anterior, cómo las mujeres que serían las contenedoras de la simiente de Dios fueron muchas de ellas estériles para que no pudieron concebir. En otros casos, Satanás buscó exterminar niños que venían con el propósito de traer la simiente de Dios a la tierra. Tanto Faraón como Herodes cargaban el espíritu de la serpiente antigua que persigue siempre la simiente santa de Dios.

Hoy la serpiente astuta está tratando de impedir el levantamiento de una simiente Santa para Dios por medio de**l engaño del humanismo, y la liberación femenina.** Todos los movimientos de liberación

Minerva Rosario

feminista no son otra cosa que la obra del diablo para alterar el orden de Dios, hacer a las mujeres independientes de los hombres e impedir que ellas sean ayudas idóneas para administrar juntamente con los varones el Reino de Dios en la forma inicial que Dios indicó. No nos sorprenda entonces, como el mismo diablo les quiere dañar la identidad a hombres y mujeres de hoy con el movimiento sodomita, mujeres que se casan con mujeres, y hombres que se casan ahora con hombres, violando la ley natural de Dios, y ya no pueden producir simiente ni para esta tierra y menos para Dios.

Y no olvidemos la astucia más satanica que ha convencido a millones de mujeres, que como ellas son dueñas de sus cuerpos, ellas tienen el derecho de terminar cualquier preñez indeseada por medio de un aborto. Mujeres y hombres, despertemos a la realidad del tiempo que estamos viviendo. Este es el plan diabólico del fin del siglo, que las mujeres se conviertan en hombres, que los hombres se conviertan en mujeres, y que los niños en el vientre dejen de ser personas que Dios creó y se les conozca sólo como un feto.

¡MUJER, CUIDA TU DESTINO!

PALABRAS FINALES

Mujer, fuiste creada con dignidad real para ser una contenedora de la simiente, propósito y destino de Dios en este mundo. ¡Qué nadie desprecie tu feminidad! Ahora te pregunto: ¿Mujer, dónde está tu seguridad?

Tu originalidad y tu seguridad están en el diseño original de Dios para ti. Están en una identidad definida por lo que Tú eres como persona, no por tu figura esbelta, no por lo que tienes o la ropa cara que vistes. Están en tener un oído abierto a la voz de Dios y un oído cerrado a Satanás y al espíritu de este siglo. Están en someterte a las autoridades responsables que Dios ha puesto sobre ti para tu dirección y protección. Están en mantener tu iniciativa espiritual para depender del Cristo resucitado que vive dentro de ti.

Y que vivas y manejes tu destino siendo consciente del plan del enemigo, de darte un plan alterno al que Dios estableció para tu vida. Tendrás que pelear el resto de tu vida para guardar el propósito de

Minerva Rosario

Dios, ocupar tu papel en la sociedad y en la iglesia con responsabilidad sin importar lo que la tradición diga o lo que la gente opine, y mantener un espíritu humilde y afable en el proceso.

Mujer moderna, santa y virtuosa, ¿Te quieres ver hermosa y atractiva tanto para Dios como para los hombres? Viste tu espíritu y tu alma del mejor atuendo que el apóstol Pedro recomendó: *"El interno, el del corazón, en el incorruptible ornato de un espíritu afable y apacible, que es de grande estima delante de Dios. Porque así también se ataviaban en otro tiempo aquellas santas mujeres que esperaban en Dios, estando sujetas a sus maridos;* 1 Pedro 3:4,5

Minerva, *¿Por qué Dios te hizo mujer? Porque a mí me hizo hombre para encontrarme contigo, para que los dos fuéramos una bendición para el mundo en el cual vivimos y dejemos un legado de una simiente espiritual santa para Dios. Amén*

Fin

¡MUJER, CUIDA TU DESTINO!

Minerva Rosario

¡MUJER, CUIDA TU DESTINO!

Made in the USA
Columbia, SC
14 March 2021